Impressum
Verlag: BABADADA GmbH, Nedderfeld 112 , 22529 Hamburg
Geschäftsführer / Verlagsleitung: Harald Hof
Druck: Books on Demand GmbH, In de Tarpen 42, 22848 Norderstedt

Imprint
Publisher: BABADADA GmbH, Nedderfeld 112 , 22529 Hamburg, Germany
Managing Director / Publishing direction: Harald Hof
Print: Books on Demand GmbH, In de Tarpen 42, 22848 Norderstedt

σχολείο
kool

σχολική τάξη
klassiruum

διαιρώ
jagama

186/2

σχολική αυλή
koolihoov

πίνακας
tahvel

δάσκαλος
õpetaja

χαρτί
paber

γράφω
kirjutama

στυλό
pastapliiats

γραφείο
kirjutuslaud

χάρακας
joonlaud

βιβλίο
raamat

μαθητής
õpilane

σχολική τσάντα
koolikott

κασετίνα/ μολυβοθήκη
pinal

μολύβι
harilik pliiats

ξύστρα
pliiatsiteritaja

γόμα
kustukumm

μπλοκ ζωγραφικής
joonistusplokk

ζωγραφική

joonistus

πινέλο

pintsel

κουτί χρωμάτων

värvikarp

ψαλίδι

käärid

κόλλα

liim

τετράδιο ασκήσεων

töövihik

εργασία για το σπίτι

kodutöö

αριθμός

number

προσθέτω

liitma

αφαιρώ

lahutama

πολλαπλασιάζω

korrutama

υπολογίζω

arvutama

γράμμα

täht

αλφάβητο

tähestik

λέξη

sõna

κείμενο

tekst

διαβάζω

lugema

κιμωλία

kriit

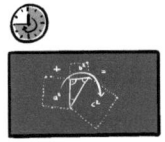

μάθημα

koolitund

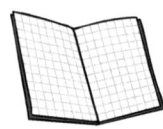

εγγράφομαι

klassipäevik

τεστ

eksam

πιστοποιητικό

tunnistus

μαθητική στολή

koolivorm

εκπαίδευση

haridus

εγκυκλοπαίδεια

entsüklopeedia

πανεπιστήμιο

ülikool

μικροσκόπιο

mikroskoop

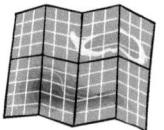

χάρτης

kaart

καλάθι αχρήστων

paberikorv

ταξίδι
reisimine

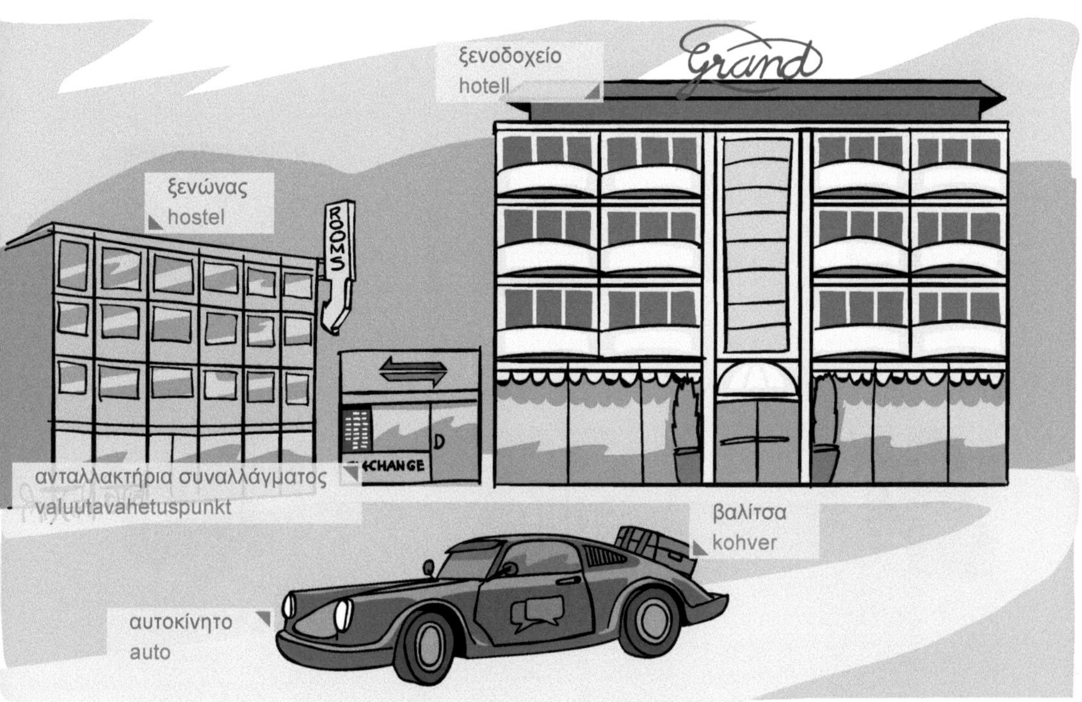
ξενοδοχείο
hotell
Grand
ξενώνας
hostel
ROOMS
ανταλλακτήρια συναλλάγματος
valuutavahetuspunkt
βαλίτσα
kohver
αυτοκίνητο
auto

γλώσσα

keel

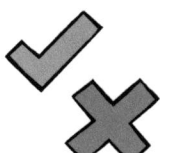

ναι / όχι

jah / ei

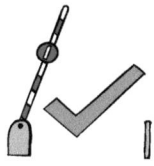

εντάξει

okei

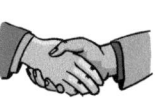

γεια σου

Tere!

μεταφραστής

tõlk

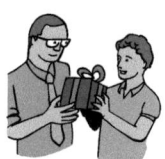

Ευχαριστώ

Aitäh!

πόσο κάνει ;

Kui palju maksab …?

Δε καταλαβαίνω

Ma ei saa aru

πρόβλημα

probleem

Καλησπέρα!

Tere õhtust!

Καλημέρα!

Tere hommikust!

Καληνύχτα!

Head ööd!

Αντίο

Head aega!

κατεύθυνση

suund

αποσκευές

pagas

τσάντα

kott

σακίδιο πλάτης

seljakott

καλεσμένος

külaline

δωμάτιο

tuba

υπνόσακος

magamiskott

σκηνή

telk

ταξίδι - reisimine

τουριστικές πληροφορίες

turismiinfo

παραλία

rand

πιστωτική κάρτα

krediitkaart

πρωινό

hommikusöök

μεσημεριανό

lõunasöök

δείπνο

õhtusöök

εισιτήριο

pilet

ανελκυστήρας

lift

γραμματόσημο

postmark

σύνορα

riigipiir

τελωνείο

toll

πρεσβεία

saatkond

βίζα

viisa

διαβατήριο

pass

μεταφορά
transport

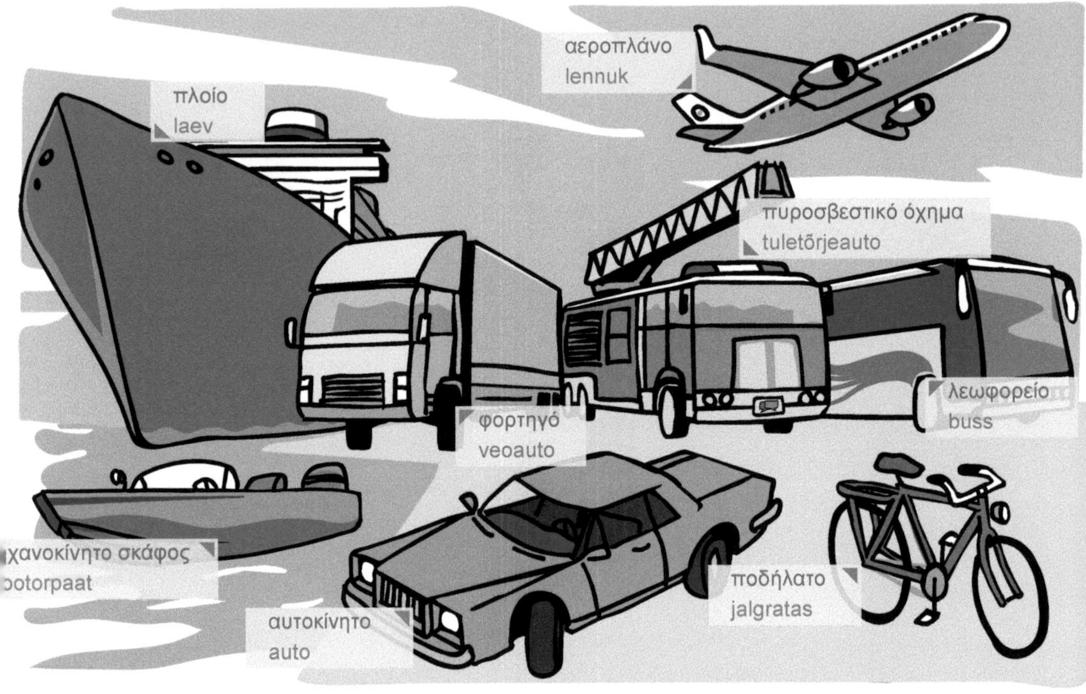

αεροπλάνο
lennuk
πλοίο
laev
πυροσβεστικό όχημα
tuletõrjeauto
λεωφορείο
buss
φορτηγό
veoauto
χανοκίνητο σκάφος
ootorpaat
ποδήλατο
jalgratas
αυτοκίνητο
auto

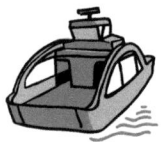

φεριμπότ

praam

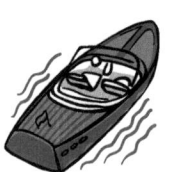

βάρκα

paat

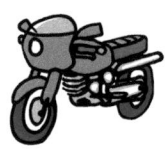

μοτοσικλέτα

mootorratas

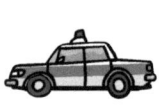

περιπολικό

politseiauto

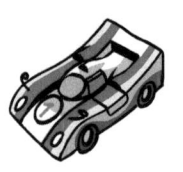

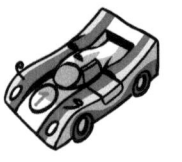

αγωνιστικό αυτοκίνητο

võidusõiduauto

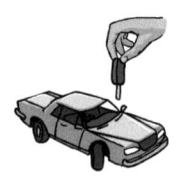

ενοικιαζόμενο αυτοκίνητο

rendiauto

διαμοιρασμός αυτοκινήτων

ühisauto

γερανός

puksiirauto

απορριμματοφόρο

prügiauto

κινητήρας

mootor

καύσιμο

kütus

βενζινάδικο

tankla

πινακίδα σήμανσης

liiklusmärk

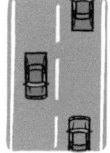

κυκλοφορία

liiklus

κυκλοφοριακή συμφόρηση

liiklusummik

χώρος στάθμευσης

parkla

σιδηροδρομικός σταθμός

raudteejaam

σιδηροδρομικές γραμμές

rööpad

τρένο

rong

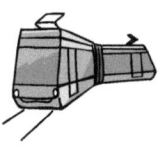

τραμ

tramm

βαγόνι

vagun

ελικόπτερο

helikopter

αεροδρόμιο

lennujaam

πύργος

torn

επιβάτης

reisija

εμπορευματοκιβώτιο

konteiner

χαρτοκιβώτιο

pappkast

καρότσι

käru

καλάθι

korv

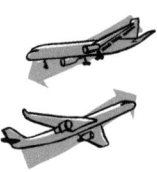

απογειώνομαι /
προσγειόνομαι

õhku tõusma / maanduma

πόλη

linn

χωριό

küla

κέντρο της πόλης

kesklinn

σπίτι

maja

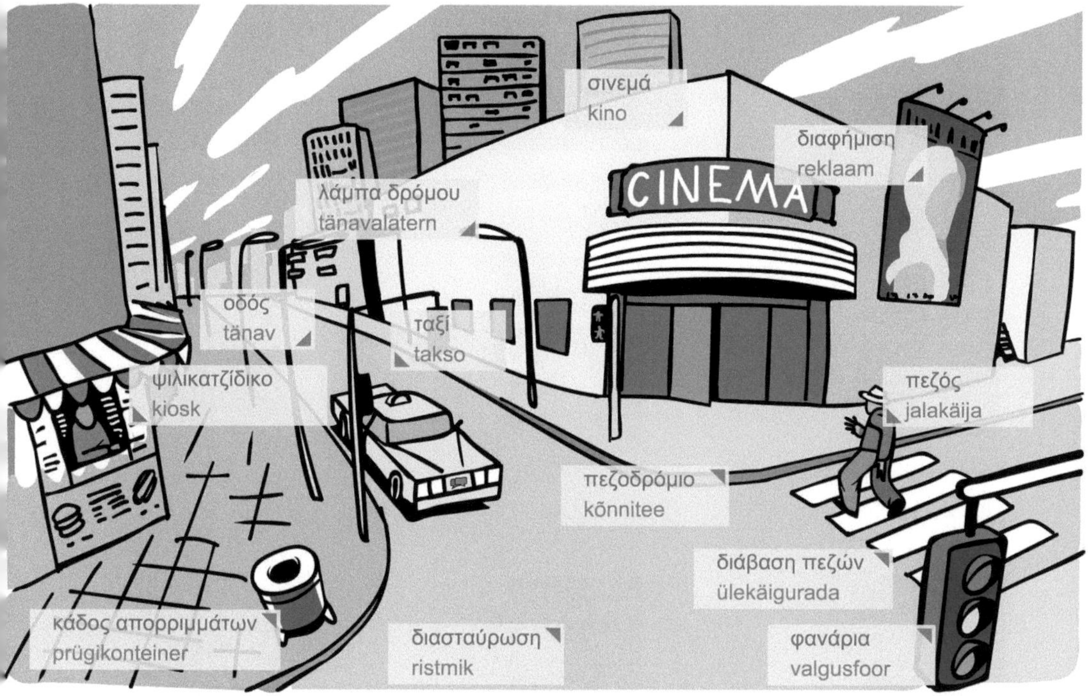

σινεμά
kino

διαφήμιση
reklaam

λάμπα δρόμου
tänavalatern

CINEMA

οδός
tänav

ταξί
takso

ψιλικατζίδικο
kiosk

πεζός
jalakäija

πεζοδρόμιο
kõnnitee

διάβαση πεζών
ülekäigurada

κάδος απορριμμάτων
prügikonteiner

διασταύρωση
ristmik

φανάρια
valgusfoor

καλύβα
osmik

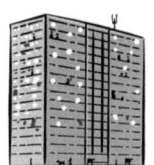

διαμέρισμα
kortermaja

σιδηροδρομικός σταθμός
raudteejaam

δημαρχείο
raekoda

μουσείο
muuseum

σχολείο
kool

πανεπιστήμιο

ülikool

τράπεζα

pank

νοσοκομείο

haigla

ξενοδοχείο

hotell

φαρμακείο

apteek

γραφείο

kontor

βιβλιοπωλείο

raamatupood

κατάστημα

kauplus

ανθοπωλείο

lillepood

σούπερ μάρκετ

supermarket

αγορά

turg

πολυκατάστημα

kaubamaja

ιχθυοπωλείο

kalapood

εμπορικό κέντρο

kaubanduskeskus

λιμάνι

sadam

πάρκο

park

παγκάκι

pink

γέφυρα

sild

σκάλες

trepp

μετρό

metroo

τούνελ

tunnel

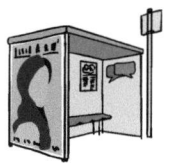

στάση λεωφορείου

bussipeatus

μπαρ

baar

εστιατόριο

restoran

γραμματοκιβώτιο

postkast

πινακίδα δρόμου

tänavasilt

παρκόμετρο

parkimisautomaat

ζωολογικός κήπος

loomaaed

πισίνα

ujula

τζαμί

mošee

αγρόκτημα
talu

ρύπανση
reostus

νεκροταφείο
surnuaed

εκκλησία
kirik

παιδική χαρά
mänguväljak

ναός
tempel

τοπίο
maastik

φύλλο
leht

πινακίδα κατεύθυνσης
teeviit

δρόμος
tee

λιβάδι
aas

πέτρα
kivi

δέντρο
puu

πεζοπόρος
matkaja

ποτάμι
jõgi

χορτάρι
rohi

λουλούδι
lill

κοιλάδα

org

λόφος

mägi

λίμνη

järv

δάσος

mets

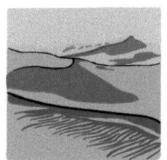

έρημος

kõrb

ηφαίστειο

vulkaan

κάστρο

linnus

ουράνιο τόξο

vikerkaar

μανιτάρι

seen

φοίνικας

palm

κουνούπι

sääsk

μύγα

kärbes

μυρμήγκι

sipelgas

μέλισσα

mesilane

αράχνη

ämblik

σκαθάρι

mardikas

βάτραχος

konn

σκίουρος

orav

σκαντζόχοιρος

siil

λαγός

jänes

κουκουβάγια

öökull

πουλί

lind

κύκνος

luik

αγριογούρουνο

metssiga

ελάφι

hirv

άλκη

põder

φράγμα

pais

ανεμογεννήτρια

tuuleturbiin

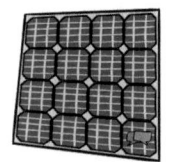

ηλιακός συλλέκτης

päikesepaneel

κλίμα

kliima

εστιατόριο
restoran

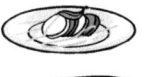

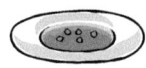

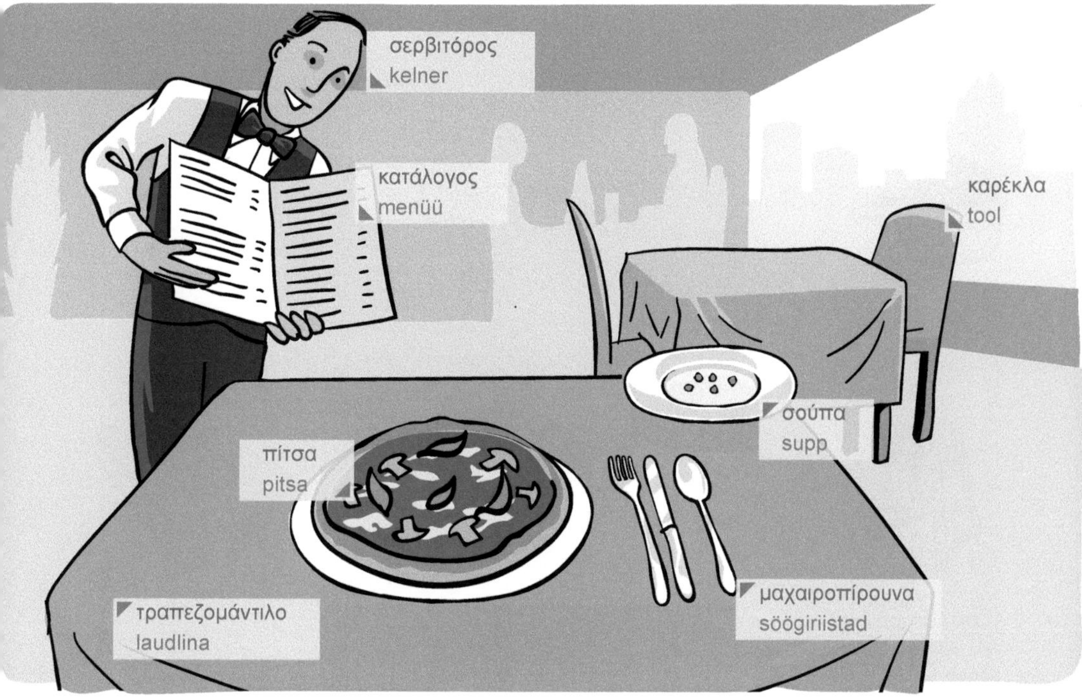
σερβιτόρος
kelner
κατάλογος
menüü
καρέκλα
tool
σούπα
supp
πίτσα
pitsa
τραπεζομάντιλο
laudlina
μαχαιροπίρουνα
söögiriistad

ορεκτικό

eelroog

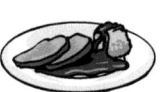

κύριο πιάτο

pearoog

επιδόρπιο

magustoit

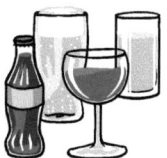

ποτά

joogid

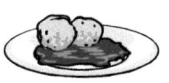

φαγητό

toit

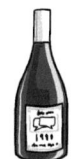

μπουκάλι

pudel

φαστ φουντ

kiirtoit

φαγητό στ' όρθιο

tänavatoit

τσαγιέρα

teekann

δοχείο ζάχαρης

suhkrutoos

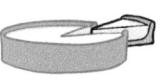

μερίδα

portsjon

μηχανή εσπρέσο

espressomasin

ψηλή καρέκλα

lastetool

λογαριασμός

arve

δίσκος

kandik

μαχαίρι

nuga

πιρούνι

kahvel

κουτάλι

lusikas

κουταλάκι του τσαγιού

teelusikas

πετσέτα φαγητού

salvrätik

ποτήρι

klaas

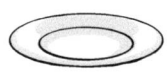

πιάτο

taldrik

πιάτο σούπας

supitaldrik

πιατάκι φλιτζανιού

alustass

σάλτσα

kaste

αλατιέρα

soolatoos

μύλος για πιπέρι

pipraveski

ξύδι

äädikas

λάδι

õli

μπαχαρικά

vürtsid

κέτσαπ

ketšup

μουστάρδα

sinep

μαγιονέζα

majonees

σούπερ μάρκετ
supermarket

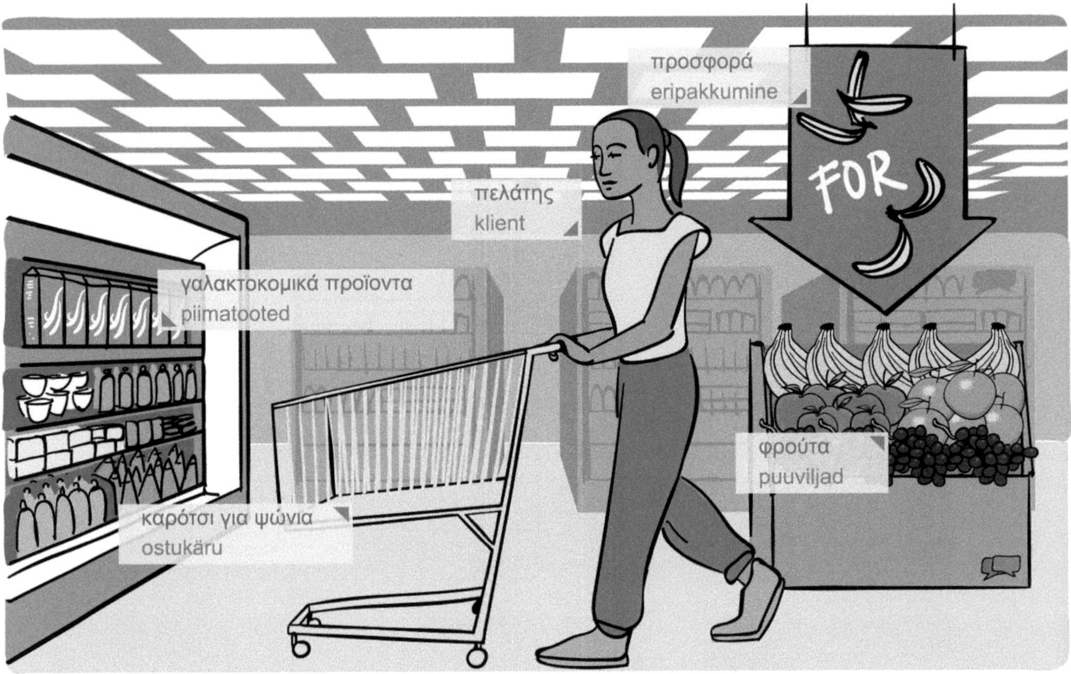

προσφορά
eripakkumine
FOR
πελάτης
klient
γαλακτοκομικά προϊόντα
piimatooted
φρούτα
puuviljad
καρότσι για ψώνια
ostukäru

BUTCHERS

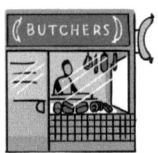

κρεοπωλείο

lihapood

BAKERY

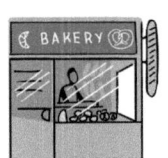

φούρνος

pagariäri

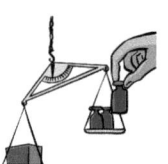

ζυγίζω

kaaluma

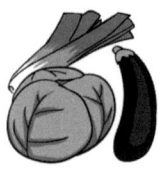

λαχανικά

köögiviljad

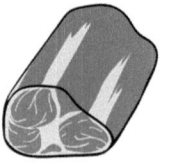

κρέας

liha

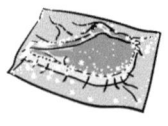

κατεψυγμένα τρόφιμα

külmutatud toit

αλλαντικά
lihalõigud

κονσερβοποιημένη τροφή
konservid

απορρυπαντικό ρούχων
pesupulber

γλυκά
maiustused

οικιακά είδη
majatarbed

καθαριστικά προϊόντα
puhastustooted

πωλήτρια
müüja

ταμείο
kassaaparaat

ταμίας
kassapidaja

λίστα για ψώνια
ostunimekiri

ωράριο λειτουργίας
lahtiolekuajad

πορτοφόλι
rahakott

πιστωτική κάρτα
krediitkaart

τσάντα
kott

πλαστική σακούλα
kilekott

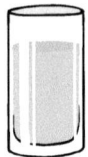

ν
ερό
vesi

χυμός
mahl

γάλα
piim

κόκα κόλα
koola

κρασί
vein

μπίρα
õlu

αλκοόλ
alkohol

κακάο
kakao

τσάι
tee

καφές
kohv

εσπρέσο
espresso

καπουτσίνο
cappuccino

μπανάνα

banaan

μήλο

õun

πορτοκάλι

apelsin

πεπόνι

arbuus

λεμόνι

sidrun

καρότο

porgand

σκόρδο

küüslauk

μπαμπού

bambus

κρεμμύδι

sibul

μανιτάρι

seen

ξηροί καρποί

pähklid

νουντλς

nuudlid

μακαρόνια

spagetid

ρύζι

riis

σαλάτα

salat

πατατάκια

friikartulid

τηγανητές πατάτες

praekartulid

πίτσα

pitsa

χάμπουργκερ

hamburger

σάντουιτς

võileib

κοτολέτα

šnitsel

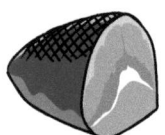

ζαμπόν

sink

σαλάμι

salaami

λουκάνικο

vorst

κοτόπουλο

kana

ψητό

praeliha

ψάρι

kala

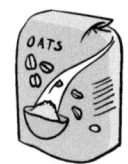

χυλός βρώμης

kaerahelbed

μούσλι

müsli

κορν φλέικς

maisihelbed

αλεύρι

jahu

κρουασάν

sarvesai

ψωμάκι

kukkel

ψωμί

leib

τοστ

röstsai

μπισκότα

küpsised

βούτυρο

või

τυρόπηγμα

kohupiim

κέικ

kook

αυγό

muna

τηγανητό αυγό

praemuna

τυρί

juust

παγωτό

jäätis

ζάχαρη

suhkur

μέλι

mesi

μαρμελάδα

moos

άλλειμμα σοκολάτας

pähklivõie

κάρυ

karri

φαγητό - toit

αγρόκτημα
talu

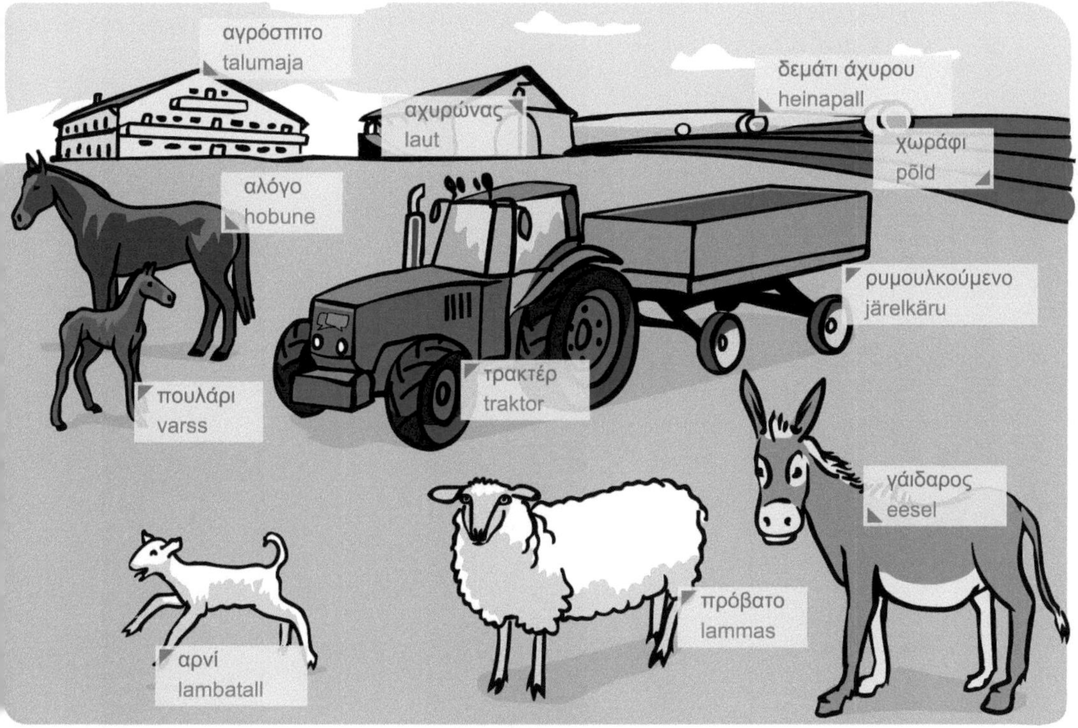

αγρόσπιτο
talumaja
αχυρώνας
laut
δεμάτι άχυρου
heinapall
χωράφι
põld
αλόγο
hobune
ρυμουλκούμενο
järelkäru
πουλάρι
varss
τρακτέρ
traktor
γάιδαρος
eesel
πρόβατο
lammas
αρνί
lambatall

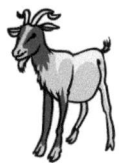

κατσίκα
kits

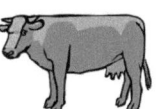

αγελάδα
lehm

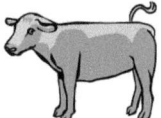

μοσχαράκι
vasikas

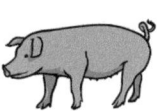

γουρούνι
siga

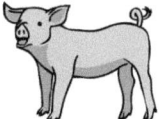

γουρουνάκι
põrsas

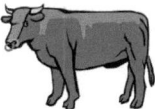

ταύρος
pull

χήνα

hani

πάπια

part

κοτοπουλάκι

tibu

κότα

kana

κόκορας

kukk

αρουραίος

rott

γάτα

kass

ποντίκι

hiir

βόδι

härg

σκύλος

koer

σπιτάκι σκύλου

koerakuut

λάστιχο κήπου

aiavoolik

ποτιστήρι

kastekann

θεριστήρι

vikat

αλέτρι

ader

δρεπάνι

sirp

τσάπα

kõblas

δίκρανο

hang

τσεκούρι

kirves

χειράμαξα

käru

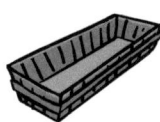

ταΐστρα

küna

δοχείο γάλακτος

piimanõu

σάκος

kott

φράχτης

tara

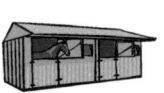

στάβλος

tall

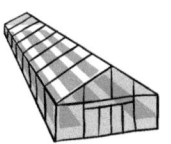

θερμοκήπιο

kasvuhoone

έδαφος

muld

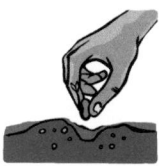

σπόρος

seeme

λίπασμα

väetis

θεριζοαλωνιστική μηχανή

kombain

θερίζω

saaki koristama

συγκομιδή

saagikoristus

γιαμς

jamss

σιτάρι

nisu

σόγια

soja

πατάτα

kartul

καλαμπόκι

mais

κράμβη

raps

οπωροφόρο δέντρο

viljapuu

μανιόκα

maniokk

δημητριακά

teravili

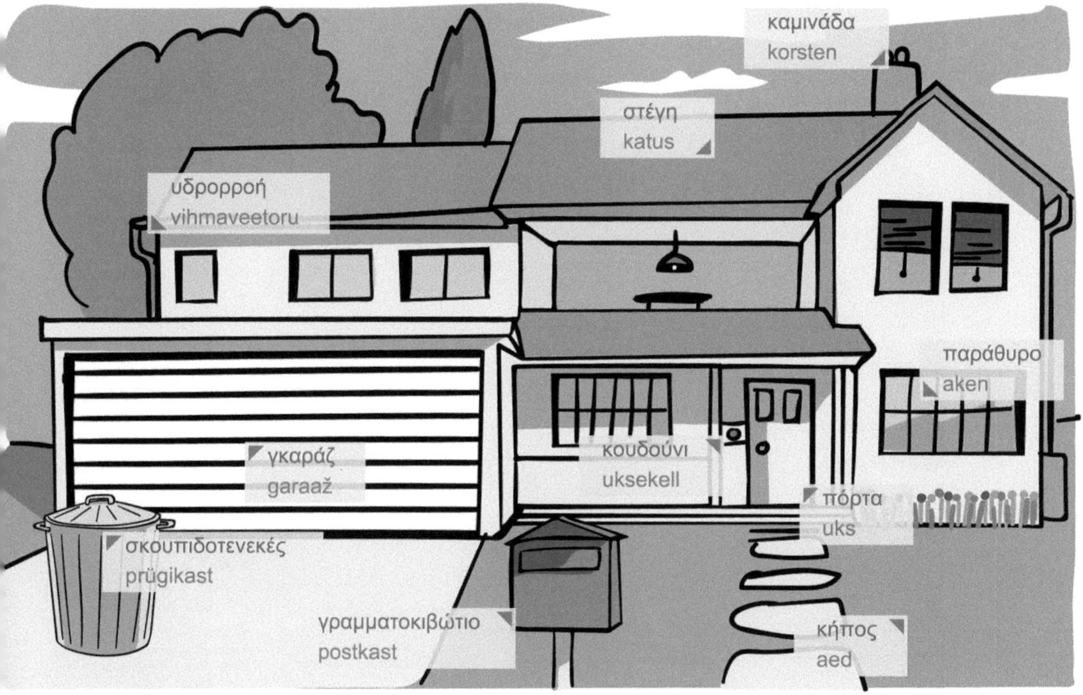

καμινάδα
korsten

στέγη
katus

υδρορροή
vihmaveetoru

παράθυρο
aken

γκαράζ
garaaž

κουδούνι
uksekell

πόρτα
uks

σκουπιδοτενεκές
prügikast

γραμματοκιβώτιο
postkast

κήπος
aed

σαλόνι

elutuba

μπάνιο

vannituba

κουζίνα

κööκ

υπνοδωμάτιο

magamistuba

παιδικό δωμάτιο

lastetuba

τραπεζαρία

söögituba

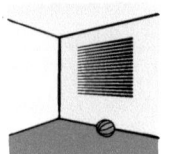

πάτωμα

põrand

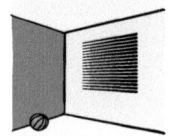

τοίχος

sein

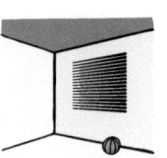

οροφή

lagi

κελάρι

kelder

σάουνα

saun

μπαλκόνι

rõdu

βεράντα

terrass

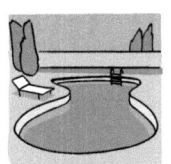

πισίνα

bassein

μηχανή του γκαζόν

muruniiduk

σεντόνι

voodilina

κάλυμμα κρεβατιού

päevatekk

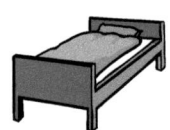

κρεβάτι

voodi

σκούπα

luud

κουβάς

ämber

διακόπτης

lüliti

σαλόνι
elutuba

ταπετσαρία
tapeet
φωτογραφία
pilt
λάμπα
lamp
ράφι
riiul
ντουλάπι
kapp
τηλεόραση
televiisor
τζάκι
kamin
λουλούδι
lill
μαξιλάρι
padi
καναπές
diivan
βάζο
vaas
τηλεκοντρόλ
kaugjuhtimispult

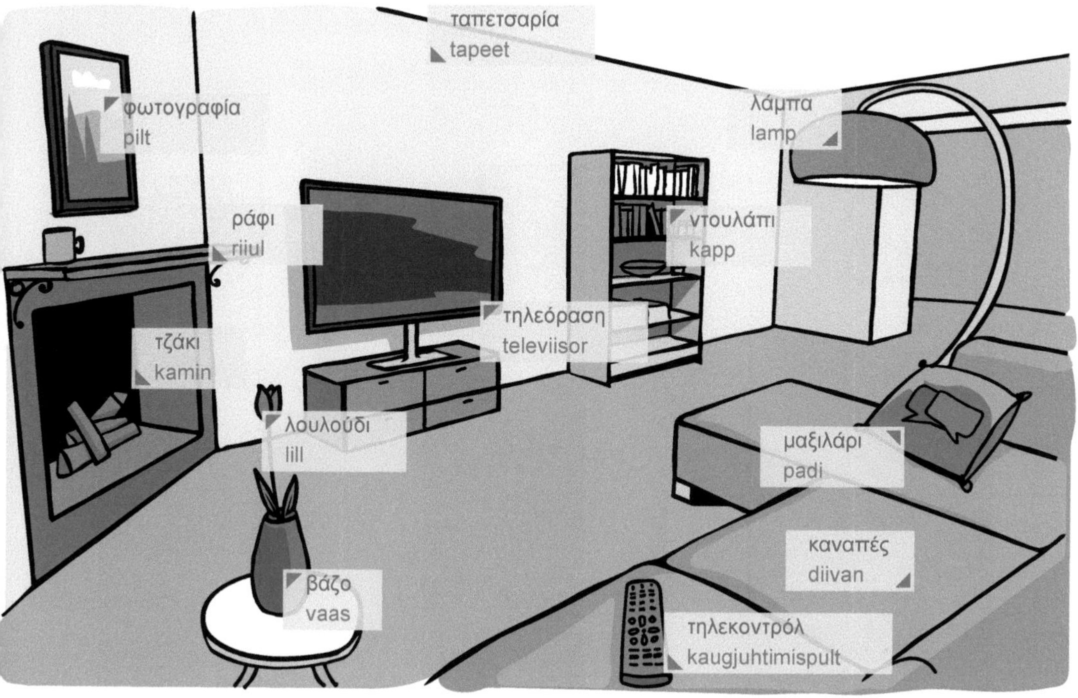

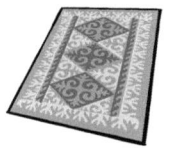

χαλί

vaip

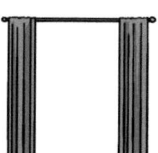

κουρτίνα

kardin

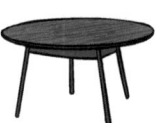

τραπέζι

laud

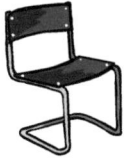

καρέκλα

tool

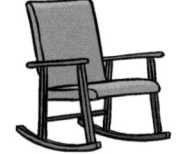

κουνιστή πολυθρόνα

kiiktool

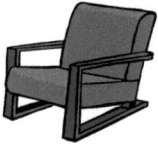

πολυθρόνα

tugitool

βιβλίο

raamat

κουβέρτα

tekk

διακόσμηση

kaunistus

καυσόξυλα

küttepuud

ταινία

film

στερεοφωνικό σύστημα

helisüsteem

κλειδί

võti

εφημερίδα

ajaleht

πίνακας ζωγραφικής

maal

αφίσα

plakat

ραδιόφωνο

raadio

σημειωματάριο

märkmik

ηλεκτρική σκούπα

tolmuimeja

κάκτος

kaktus

κερί

küünal

κουζίνα
köök

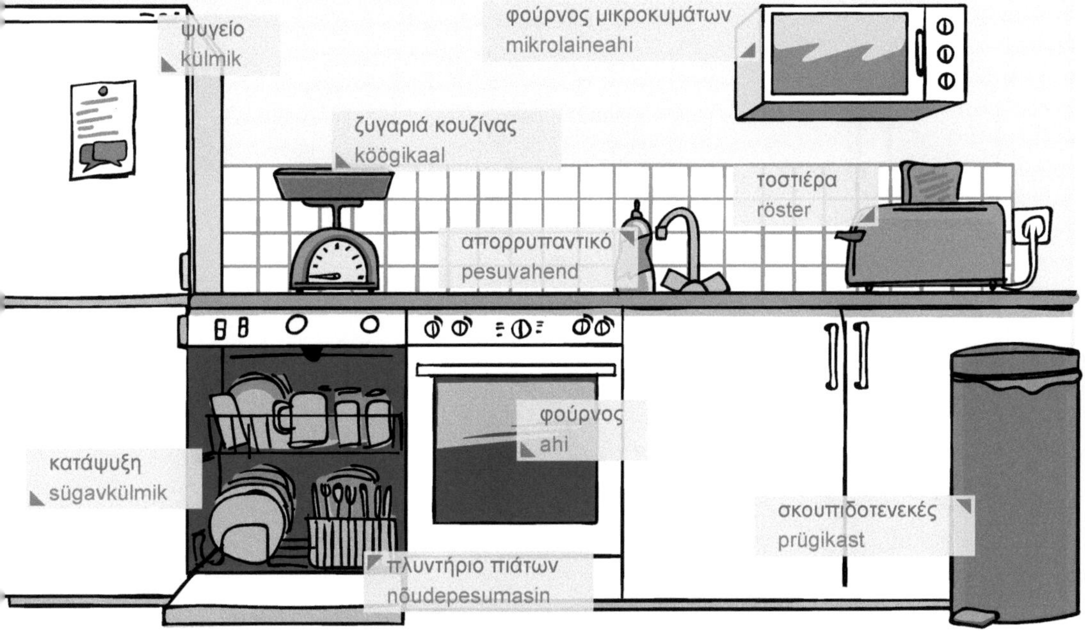

ψυγείο
külmik
φούρνος μικροκυμάτων
mikrolaineahi
ζυγαριά κουζίνας
köögikaal
τοστιέρα
röster
απορρυπαντικό
pesuvahend
φούρνος
ahi
κατάψυξη
sügavkülmik
σκουπιδοτενεκές
prügikast
πλυντήριο πιάτων
nõudepesumasin

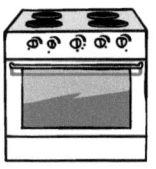

κουζίνα

pliit

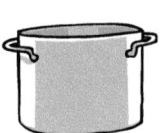

κατσαρόλα

pott

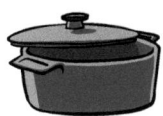

μαντεμένια κατσαρόλα

malmpott

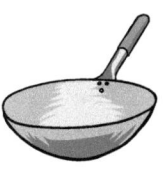

γουόκ/καντάι

vokkpann

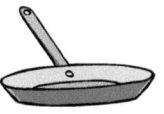

τηγάνι

pann

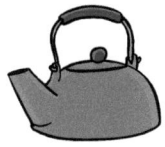

βραστήρας

veekeetja

ατμομάγειρας

aurutaja

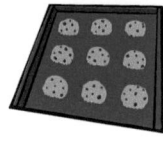

ταψί

küpsetusplaat

πιατικά

lauanõud

κούπα

kruus

μπολ

kauss

ξυλάκια

söögipulgad

κουτάλα

kulp

σπάτουλα

pannilabidas

ανακατεύω

vispel

σουρωτήρι

kurn

σουρωτηράκι

sõel

τρίφτης

riiv

γουδί

uhmer

ψησταριά

grill

ανοιχτή φωτιά

lahtine tuli

σανίδα κοπής

lõikelaud

πλάστης

tainarull

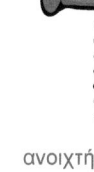

ανοιχτήρι φελλών

korgitser

κονσέρβα

konservipurk

ανοιχτήρι κονσέρβας

konserviavaja

γάντι φούρνου

pajakinnas

νεροχύτης

kraanikauss

βούρτσα

hari

σφουγγάρι

pesukäsn

μπλέντερ

kannmikser

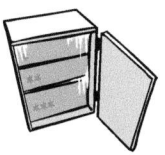

καταψύκτης

sügavkülmuti

μπιμπερό

lutipudel

βρύση

segisti

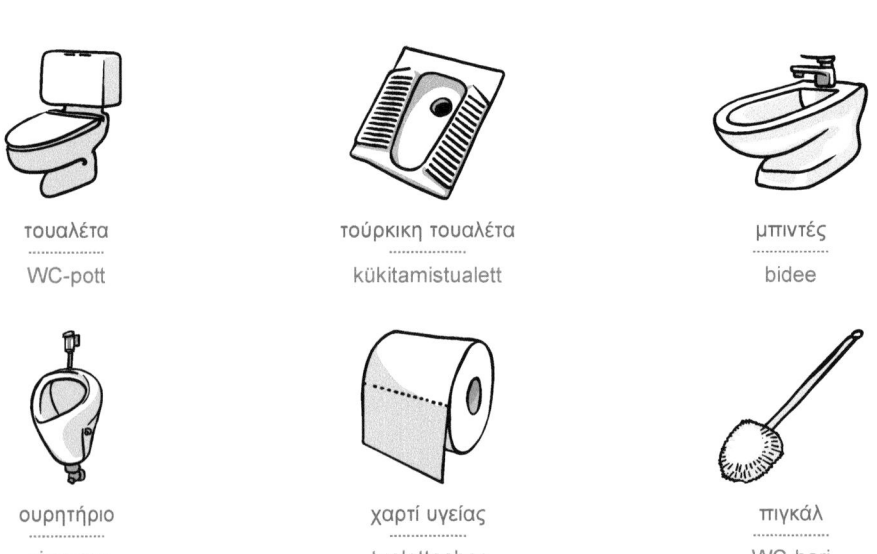

μπάνιο
vannituba

θέρμανση
küte
πετσέτα
käterätik
ντους
dušš
κουρτίνα ντους
dušikardin
αφρόλουτρο
mullivann
μπανιέρα
vann
ποτήρι
klaas
πλυντήριο ρούχων
pesumasin
βρύση
segisti
πλακάκια
plaadid
γιογιό
pissipott
νεροχύτης
kraanikauss

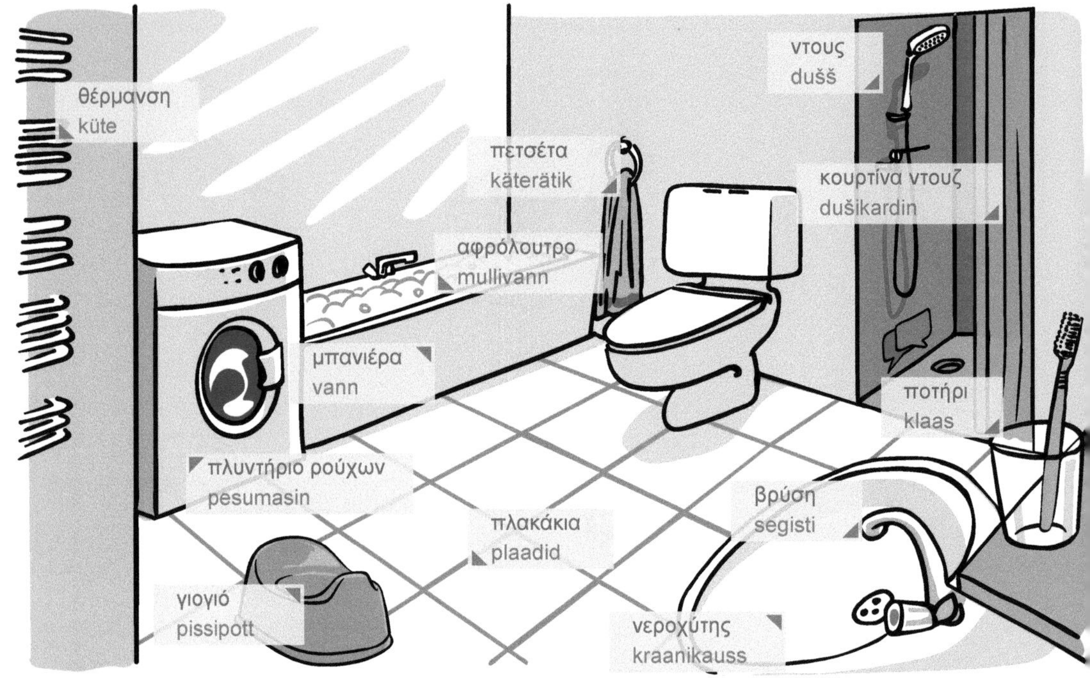

τουαλέτα

WC-pott

τούρκικη τουαλέτα

kükitamistualett

μπιντές

bidee

ουρητήριο

pissuaar

χαρτί υγείας

tualettpaber

πιγκάλ

WC-hari

οδοντόβουρτσα

hambahari

οδοντόκρεμα

hambapasta

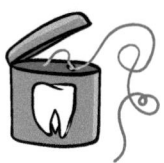

οδοντικό νήμα

hambaniit

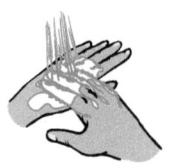

πλένω

pesema

τηλέφωνο ντους

käsidušš

ντουσιέρα

intiimdušš

λεκάνη

pesukauss

βούρτσα πλάτης

seljahari

σαπούνι

seep

αφρόλουτρο

dušigeel

σαμπουάν

šampoon

φανέλα

vamm

σιφόνι

äravool

κρέμα

kreem

αποσμητικό

deodorant

καθρέφτης

peegel

καθρέφτης χειρός

käsipeegel

ξυραφάκι

habemenuga

αφρός ξυρίσματος

raseerimisvaht

αφτερσέιβ

habemevesi

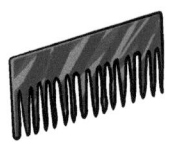

χτένα

kamm

βούρτσα

hari

σεσουάρ

föön

λακ

juukselakk

μακιγιάζ

meigikomplekt

κραγιόν

huulepulk

βερνίκι νυχιών

küünelakk

βαμβάκι

vatt

ψαλίδι νυχιών

küünekäärid

άρωμα

parfüüm

νεσεσέρ

tualett-tarvete kott

σκαμπό

taburet

ζυγαριά

kaal

μπουρνούζι

hommikumantel

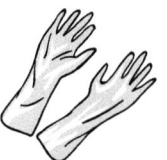

ελαστικά γάντια

kummikindad

ταμπόν

tampoon

πετσέτα υγιεινής

hügieeniside

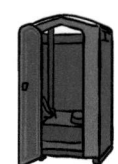

χημική τουαλέτα

keemiline tualett

παιδικό δωμάτιο
lastetuba

ξυπνητήρι
äratuskell
λούτρινο ζωάκι
pehme mänguasi
αυτοκινητάκι
mänguauto
κουδουνίστρα
kõristi
κουκλόσπιτο
nukumaja
δώρο
kingitus

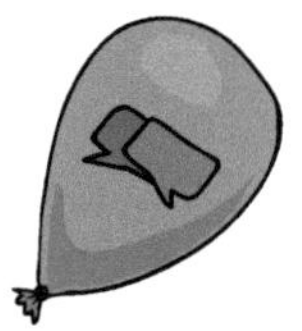

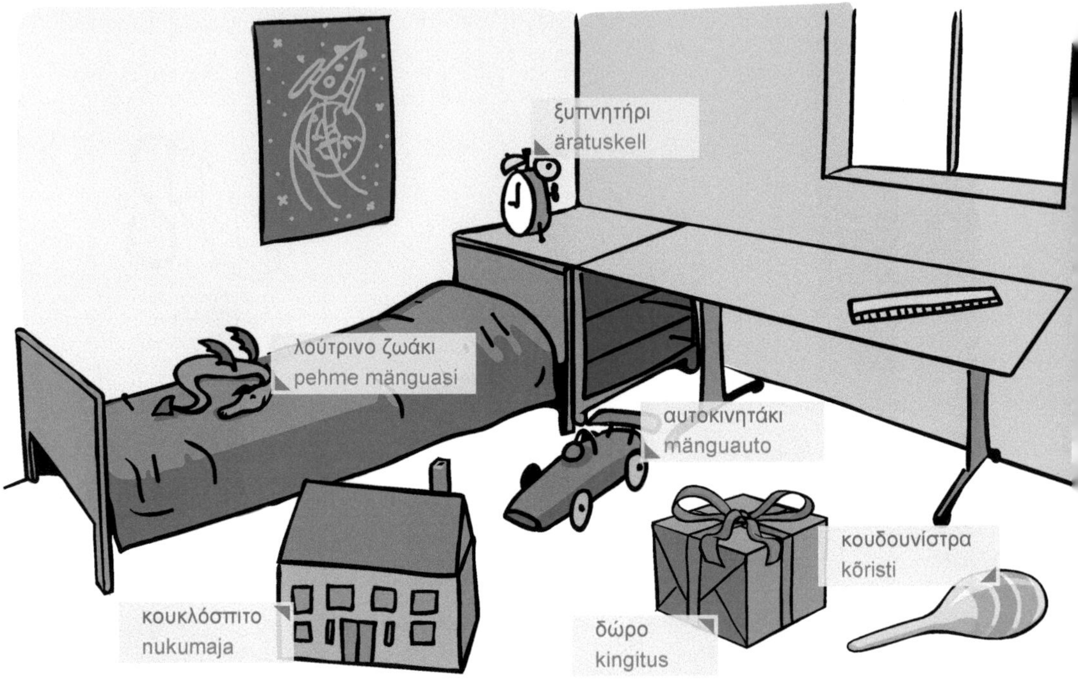

μπαλόνι

õhupall

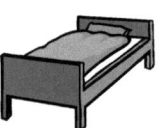

κρεβάτι

voodi

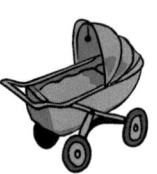

καροτσάκι

lapsevanker

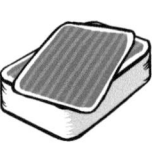

τράπουλα

kaardipakk

παζλ

pusle

SUPER
MEGA

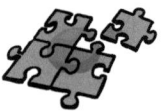

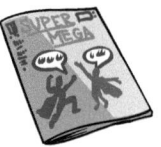

κόμικς

koomiks

τουβλάκια lego

Lego klotsid

τουβλάκια κατασκευών

klotsid

φιγούρα δράσης

kujuke

βρεφικό φορμάκι

siputuspüksid

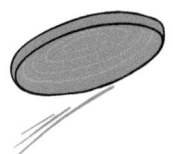

φρίσμπι

lendav taldrik

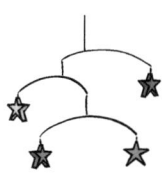

μόμπιλο

voodikarussell

επιτραπέζιο παιχνίδι

lauamäng

ζάρια

täringud

σετ τρενάκι

mudelrong

πιπίλα

lutt

πάρτι

pidu

εικονογραφημένο βιβλίο

pildiraamat

μπάλα

pall

κούκλα

nukk

παίζω

mängima

σκάμμα με άμμο

liivakast

κούνια

kiik

παιχνίδια

mänguasjad

κονσόλα βιντεοπαιχνιδιών

mängukonsool

τρίκυκλο

kolmerattaline jalgratas

αρκουδάκι

mängukaru

ντουλάπα

riidekapp

ρούχα
riietus

κάλτσες

sokid

καλτσοδέτες

sukad

καλσόν

sukkpüksid

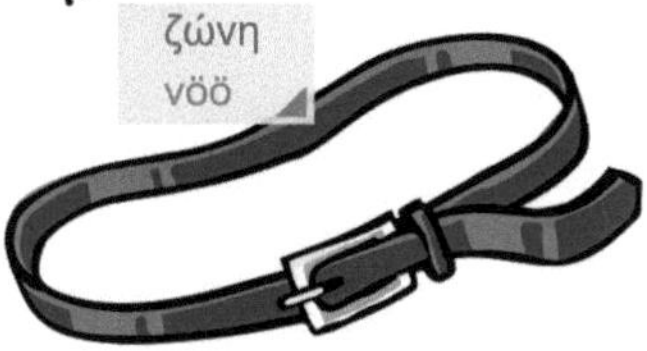

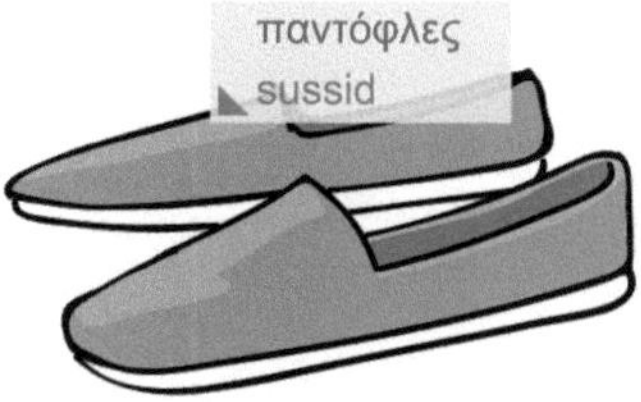

κασκόλ
sall

ομπρέλα
vihmavari

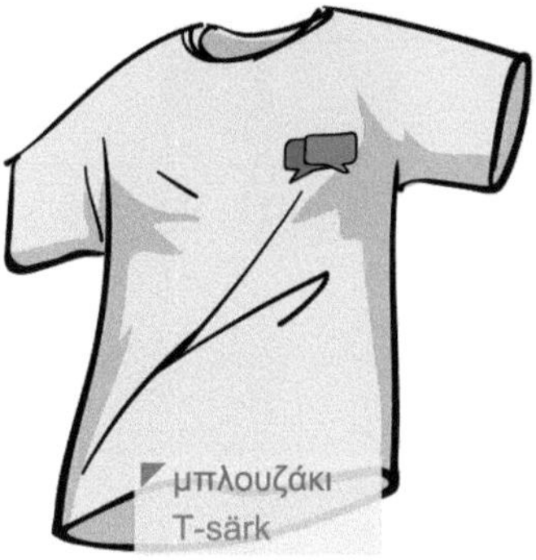

ζώνη
vöö

μπλουζάκι
T-särk

μπότες
saapad

παντόφλες
sussid

αθλητικά παπούτσια
tossud

σανδάλια
sandaalid

παπούτσια
jalatsid

γαλότσες
kummikud

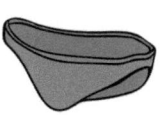

εσώρουχο
aluspüksid

σουτιέν
rinnahoidja

φανέλα
vest

ρούχα - riietus

σώμα

bodi

παντελόνι

püksid

τζιν παντελόνι

teksapüksid

φούστα

seelik

μπλούζα

pluus

πουκάμισο

särk

πουλόβερ

sviiter

πουλόβερ

dressipluus

σακάκι

bleiser

μπουφάν

jakk

παλτό

mantel

αδιάβροχο πανωφόρι

vihmamantel

κοστούμι

kostüüm

φόρεμα

kleit

νυφικό

pulmakleit

κοστούμι

ülikond

νυχτικό

öösärk

πιτζάμες

pidžaama

σάρι

sari

μαντήλι

pearätt

τουρμπάνι

turban

μπούρκα

burka

καφτάνι

kaftan

μουσουλμανικό ένδυμα

abayah

ολόσωμο μαγιό

ujumistrikoo

ανδρικό μαγιό

ujumispüksid

σορτς

lühikesed püksid

αθλητική φόρμα

dressid

ποδιά

põll

γάντια

kindad

κουμπί

nööp

γυαλιά

prillid

βραχιόλι

käevõru

περιδέραιο

kaelakee

δαχτυλίδι

sõrmus

σκουλαρίκι

kõrvarõngas

καπέλο

nokamüts

κρεμάστρα

riidepuu

καπέλο

kaabu

γραβάτα

lips

φερμουάρ

tõmblukk

κράνος

kiiver

τιράντες

traksid

μαθητική στολή

koolivorm

στολή

vormirõivad

σαλιάρα

pudipõll

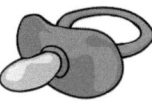

πιπίλα

lutt

πάνα

mähe

γραφείο
kontor

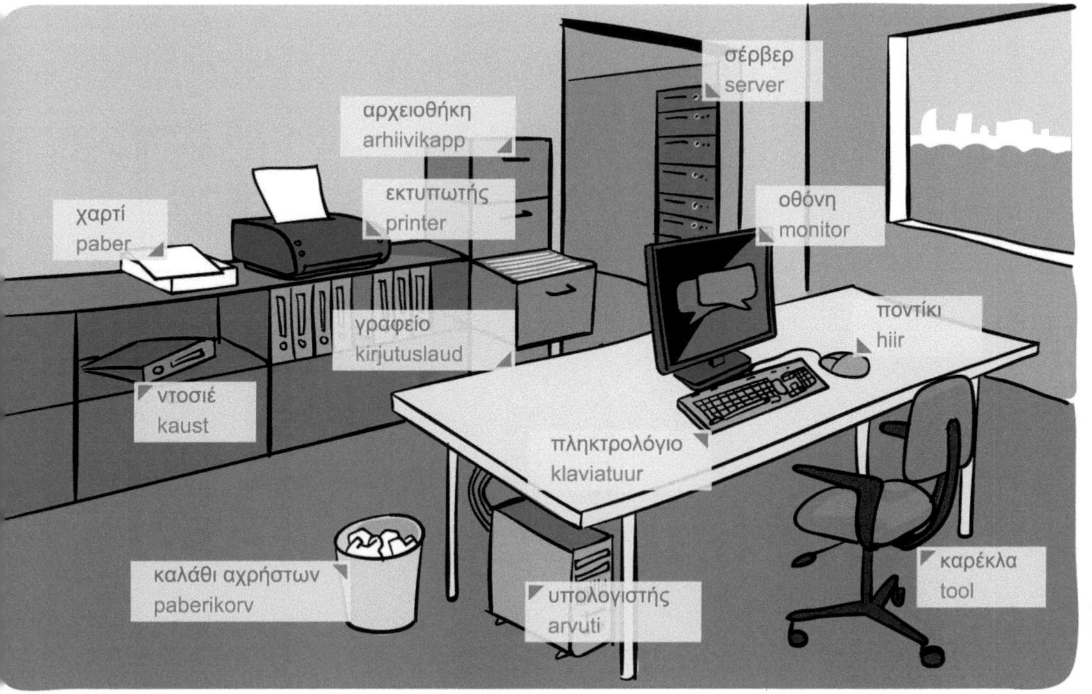

σέρβερ
server

αρχειοθήκη
arhiivikapp

εκτυπωτής
printer

οθόνη
monitor

χαρτί
paber

γραφείο
kirjutuslaud

ποντίκι
hiir

ντοσιέ
kaust

πληκτρολόγιο
klaviatuur

καλάθι αχρήστων
paberikorv

υπολογιστής
arvuti

καρέκλα
tool

κούπα του καφέ

kohvikruus

κομπιουτεράκι

kalkulaator

ίντερνετ

internet

λάπτοπ

sülearvuti

γράμμα

kiri

μήνυμα

sõnum

κινητό

mobiiltelefon

δίκτυο

võrk

φωτοτυπικό μηχάνημα

koopiamasin

λογισμικό

tarkvara

τηλέφωνο

telefon

πρίζα

pistikupesa

συσκευή φαξ

faksimasin

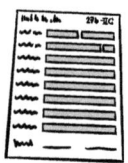

έντυπο

vorm

έγγραφο

dokument

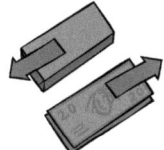

αγοράζω

ostma

πληρώνω

maksma

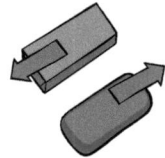

συναλλάσσομαι

vahetama

χρήματα

raha

δολάριο

dollar

ευρώ

euro

γιεν

jeen

ρούβλι

rubla

ελβετικό φράγκο

Šveitsi frank

ρενμίνμπι γιουάν

renminbi jüaan

ρουπία

ruupia

ATM (αυτόματη ταμειακή μηχανή)

sularahaautomaat

ανταλλακτήρια
συναλλάγματος

valuutavahetuspunkt

χρυσός

kuld

ασήμι

hõbe

πετρέλαιο

nafta

ενέργεια

energia

τιμή

hind

συμβόλαιο

leping

φόρος

maks

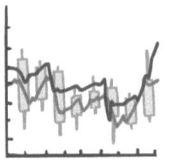

μετοχή

aktsia

δουλεύω

töötama

υπάλληλος

töötaja

εργοδότης

tööandja

εργοστάσιο

tehas

κατάστημα

kauplus

επαγγέλματα
ametid

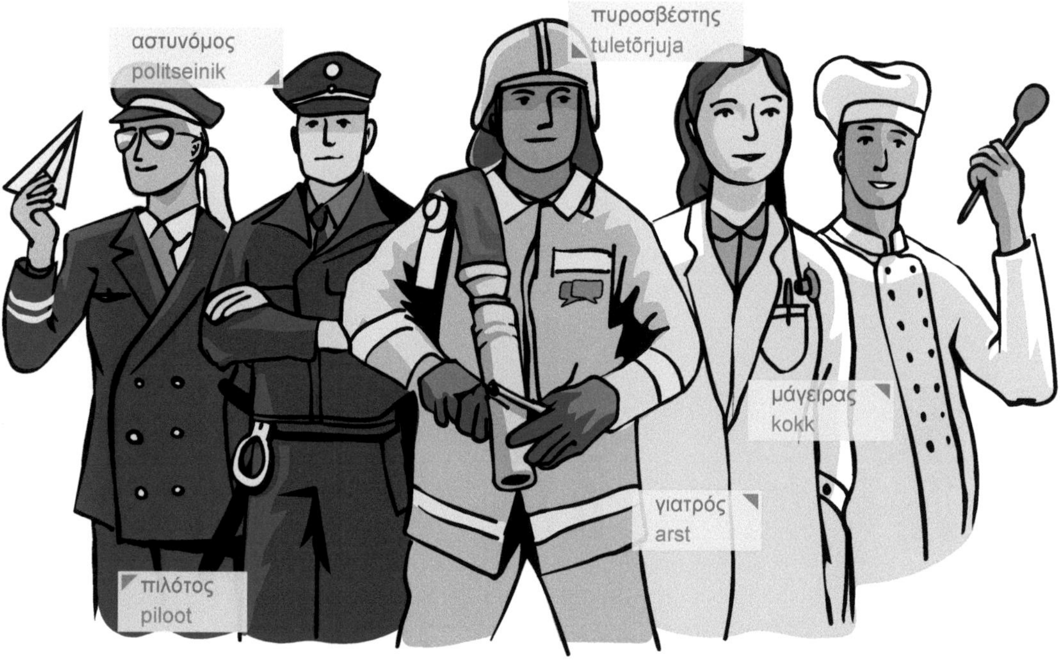
αστυνόμος
politseinik
πυροσβέστης
tuletõrjuja
μάγειρας
kokk
γιατρός
arst
πιλότος
piloot

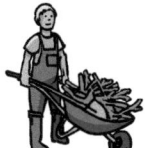

κηπουρός
aednik

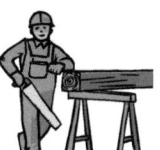

ξυλουργός
puusepp

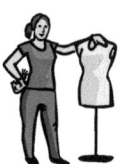

μοδίστρα
õmbleja

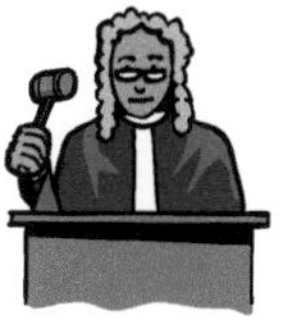

δικαστής
kohtunik

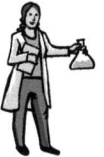

χημικός
keemik

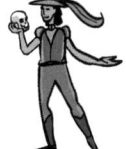

ηθοποιός
näitleja

οδηγός λεωφορείου

bussijuht

ταξιτζής

taksojuht

ψαράς

kalamees

καθαρίστρια

koristaja

τεχνίτης στεγών

katusepaigaldaja

σερβιτόρος

kelner

κυνηγός

jahimees

ζωγράφος

maaler

αρτοποιός

pagar

ηλεκτρολόγος

elektrik

οικοδόμος

ehitaja

μηχανολόγος

insener

κρεοπώλης

lihunik

υδραυλικός

torumees

ταχυδρόμος

postiljon

στρατιώτης

sõdur

αρχιτέκτονας

arhitekt

ταμίας

kassapidaja

ανθοπώλης

lillemüüja

κομμωτής

juuksur

ελεγκτής εισιτηρίων

piletikontrolör

μηχανικός

mehaanik

καπετάνιος

kapten

οδοντίατρος

hambaarst

επιστήμονας

teadlane

ραβίνος

rabi

ιμάμης

imaam

μοναχός

munk

ιερέας

preester

εργαλεία
tööriistad

σφυρί
haamer
πένσα
tangid
κατσαβίδι
kruvikeeraja
Γαλλικό κλειδί
mutrivõti
φακός
taskulamp

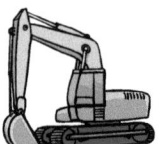

εκσκαφέας

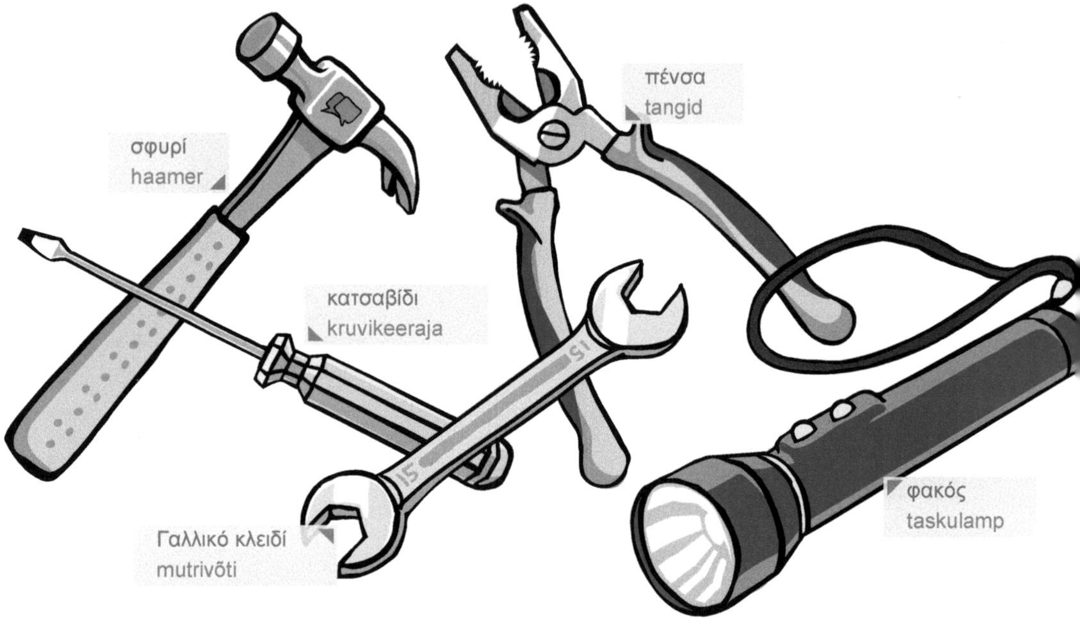

ekskavaator

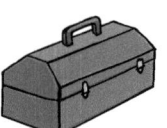

εργαλειοθήκη

tööriistakast

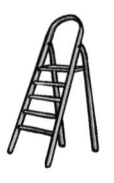

σκάλα

redel

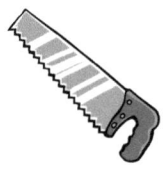

πριόνι

saag

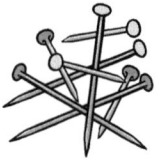

καρφιά

naelad

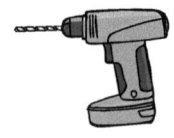

τρυπάνι

trell

επισκευάζω

parandama

φτυάρι

labidas

Να πάρει!

Põrgusse!

φαράσι

kühvel

δοχείο χρωμάτων

värvipott

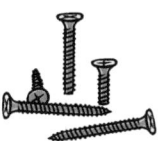

βίδες

kruvid

μουσικά όργανα
pillid

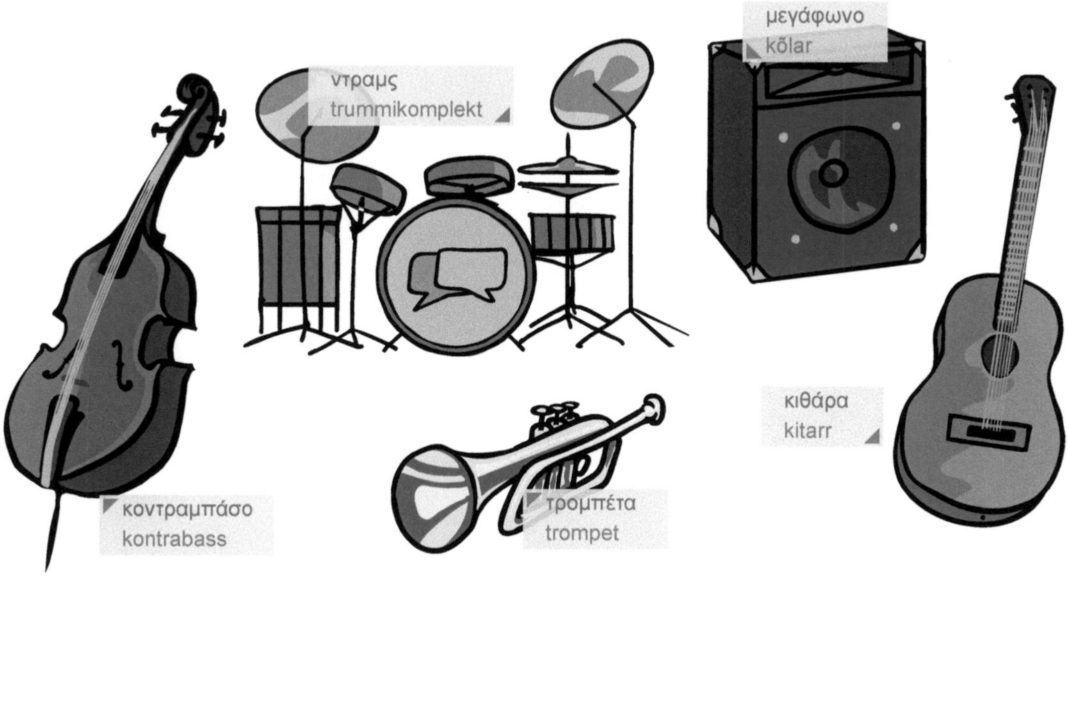

ντραμς
trummikomplekt

μεγάφωνο
kõlar

κοντραμπάσο
kontrabass

τρομπέτα
trompet

κιθάρα
kitarr

πιάνο
klaver

βιολί
viiul

μπάσο
bass

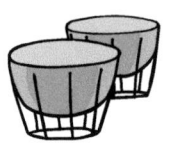

τύμπανα
timpan

τύμπανο
trummid

πλήκτρα
süntesaator

σαξόφωνο
saksofon

φλάουτο
flööt

μικρόφωνο
mikrofon

ζωολογικός κήπος
loomaaed

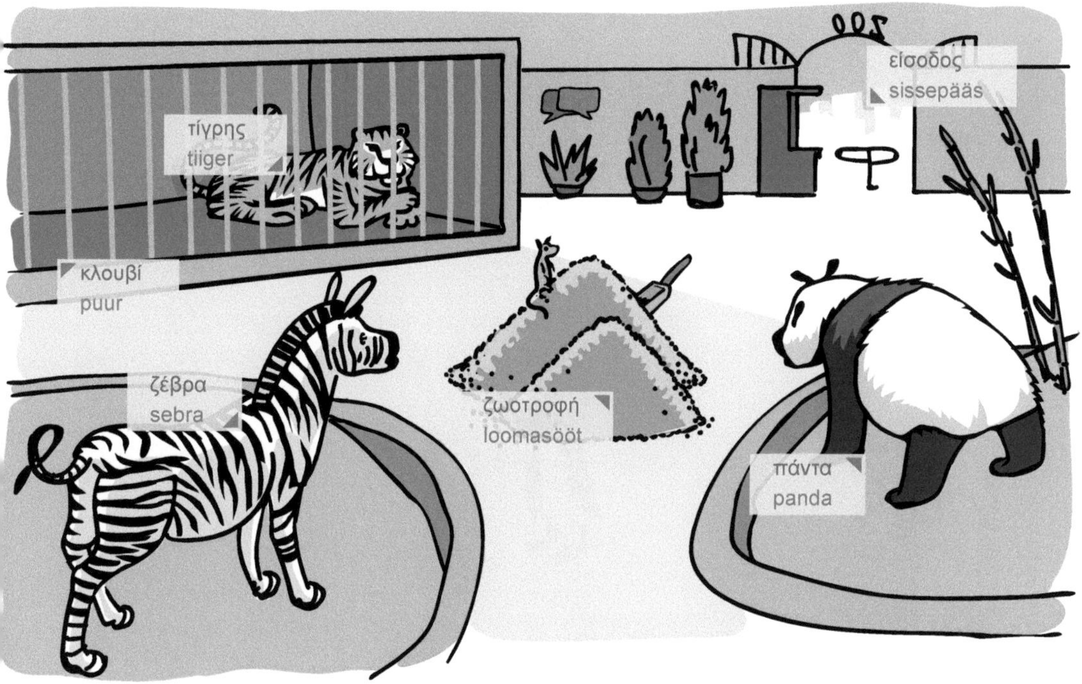

zoo
τίγρης
tiiger
είσοδος
sissepääs
κλουβί
puur
ζέβρα
sebra
ζωοτροφή
loomasööt
πάντα
panda

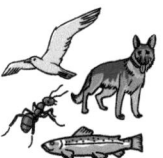

ζώα

loomad

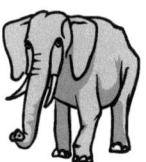

ελέφαντας

elevant

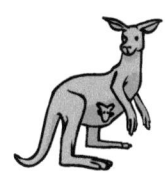

καγκουρό

känguru

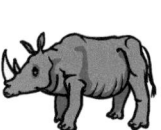

ρινόκερος

ninasarvik

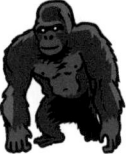

γορίλας

gorilla

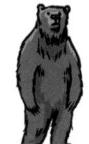

αρκούδα

karu

καμήλα

kaamel

στρουθοκάμηλος

jaanalind

λιοντάρι

lõvi

πίθηκος

ahv

φλαμίνγκο

flamingo

παπαγάλος

papagoi

πολική αρκούδα

jääkaru

πιγκουίνος

pingviin

καρχαρίας

hai

παγώνι

paabulind

φίδι

madu

κροκόδειλος

krokodill

φύλακας ζωολογικού κήπου

loomaaiatalitaja

φώκια

hüljes

τζάγκουαρ

jaaguar

πόνυ
poni

λεοπάρδαλη
leopard

ιπποπόταμος
jõehobu

καμηλοπάρδαλη
kaelkirjak

αετός
kotkas

αγριογούρουνο
metssiga

ψάρι
kala

χελώνα
kilpkonn

θαλάσσιος ίππος
morsk

αλεπού
rebane

γαζέλα
gasell

Αμερικάνικο ποδόσφαιρο
Ameerika jalgpall

ποδηλασία
jalgrattasõit

αντισφαίριση
tennis

μπάσκετ
korvpall

κολύμβηση
ujumine

πυγχαμία
poksimine

χόκεϋ επί πάγου
jäähoki

ποδόσφαιρο
jalgpall

μπάντμιντον
sulgpall

στίβος
kergejõustik

χάντμπολ
käsipall

σκι
suusatamine

πόλο
polo

δραστηριότητες
tegevused

γελάω
naerma
πηδάω
hüppama
αγκαλιάζω
kallistama
περπατάω
jalutama
τραγουδάω
laulma
ονειρεύομαι
unistama
προσεύχομαι
palvetama
φιλάω
suudlema

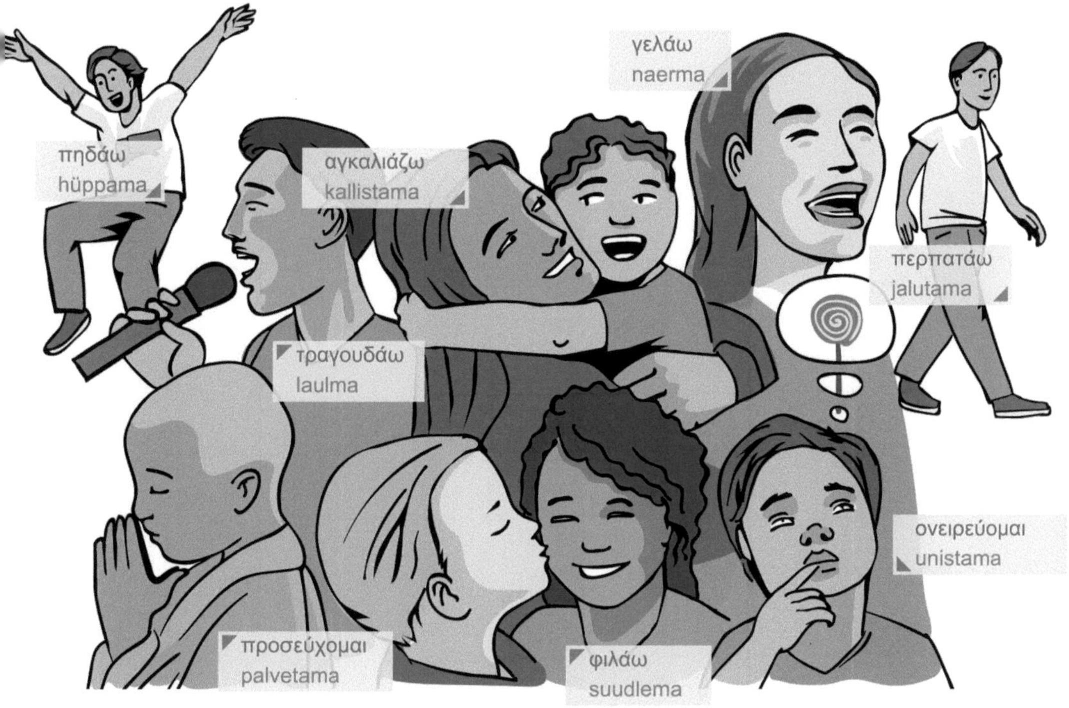

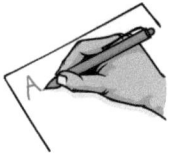

γράφω
kirjutama

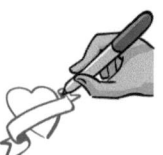

σχεδιάζω
joonistama

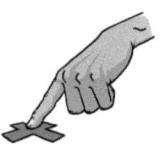

δείχνω
näitama

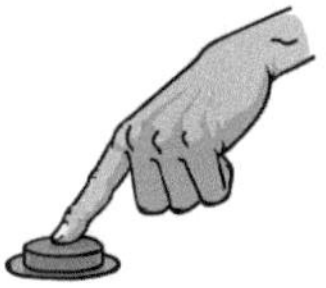

πιέζω
lükkama

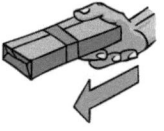

δίνω
andma

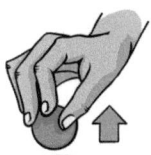

παίρνω
võtma

έχω

omama

κάνω

tegema

είμαι

olema

στέκομαι

seisma

τρέχω

jooksma

τραβάω

tõmbama

ρίχνω

viskama

πέφτω

kukkuma

ξαπλώνω

lamama

περιμένω

ootama

κουβαλώ

kandma

κάθομαι

istuma

φοράω

riidesse panema

κοιμάμαι

magama

ξυπνάω

ärkama

κοιτάω

vaatama

κλαίω

nutma

χαϊδεύω

paitama

χτενίζω

kammima

μιλάω

rääkima

καταλαβαίνω

aru saama

ρωτάω

küsima

ακούω

kuulama

πίνω

jooma

τρώω

sööma

συγυρίζω

korrastama

αγαπάω

armastama

μαγειρεύω

süüa tegema

οδηγώ

sõitma

πετάω

lendama

κάνω ιστιοπλοΐα

purjetama

υπολογίζω

arvutama

διαβάζω

lugema

μαθαίνω

õppima

δουλεύω

töötama

παντρεύομαι

abielluma

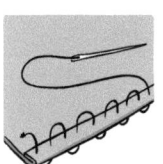

ράβω

õmblema

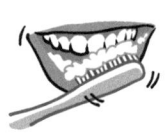

βουρτσίζω τα δόντια

hambaid pesema

σκοτώνω

tapma

καπνίζω

suitsetama

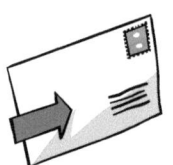

στέλνω

saatma

οικογένεια
perekond

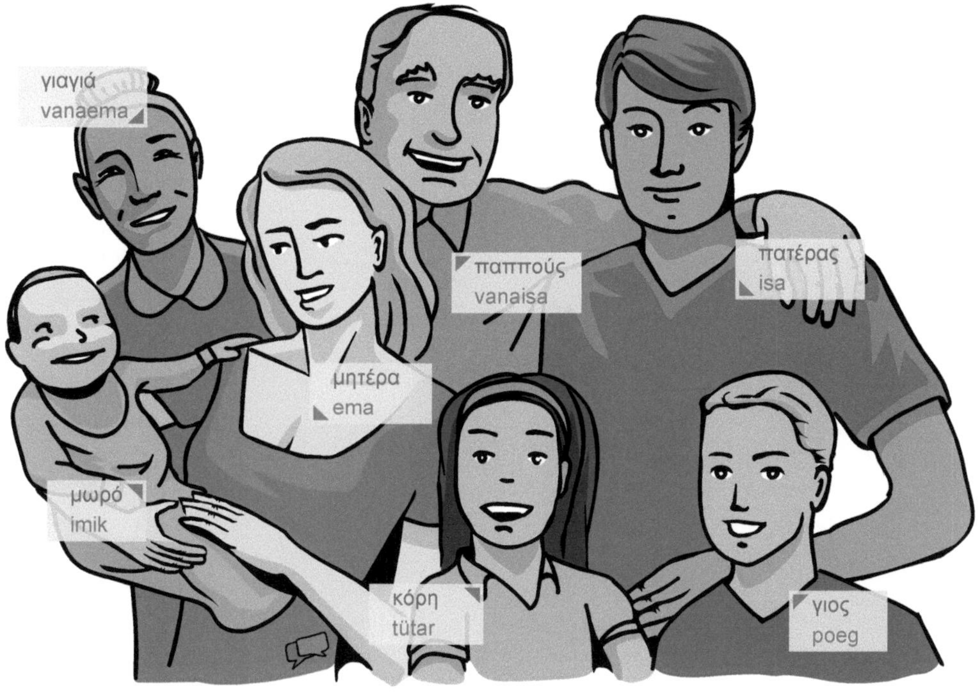
γιαγιά
vanaema
παππούς
vanaisa
πατέρας
isa
μητέρα
ema
μωρό
imik
κόρη
tütar
γιος
poeg

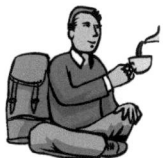

καλεσμένος

külaline

θεία

tädi

θείος

onu

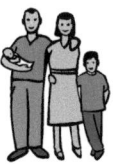

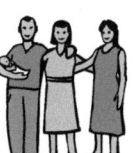

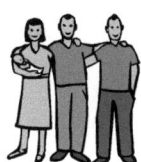

αδελφός

vend

αδελφή

õde

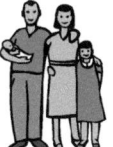

σώμα

keha

μέτωπο
otsmik
μάτι
silm
ώμος
õlg
δάχτυλο
sõrm
πρόσωπο
nägu
πιγούνι
lõug
χέρι
käsi
πόδι
jalg
στήθος
rind
βραχίονας
käsivars

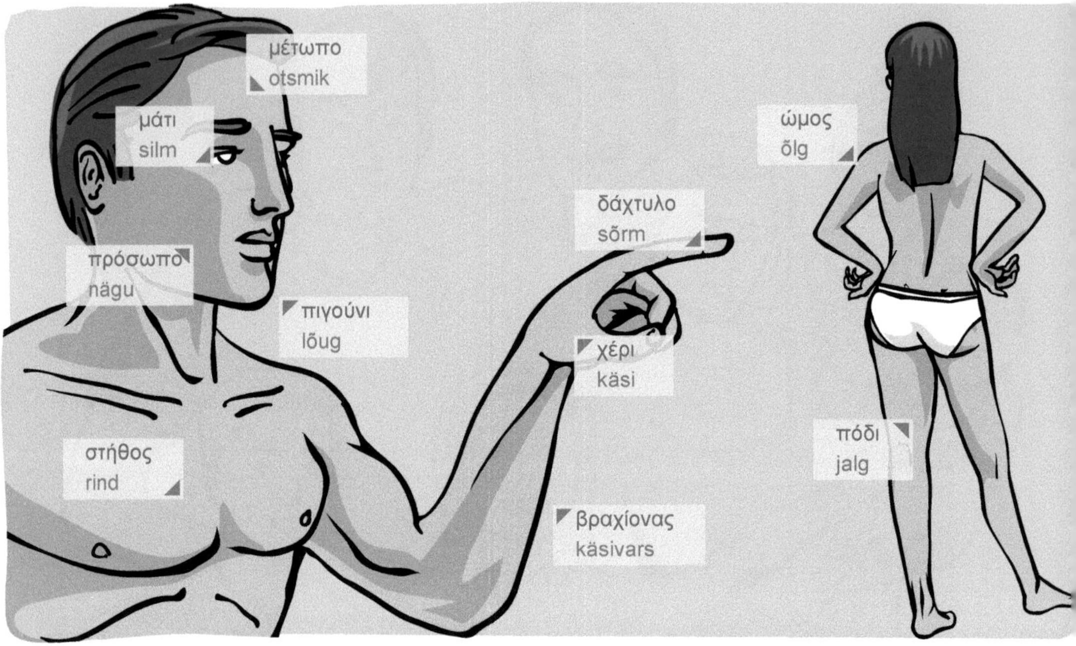

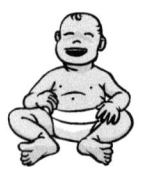

μωρό

imik

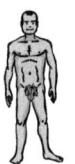

άνδρας

mees

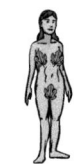

γυναίκα

naine

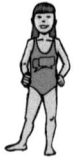

κορίτσι

tüdruk

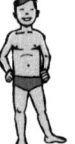

αγόρι

poiss

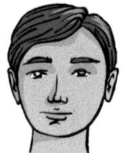

κεφάλι

pea

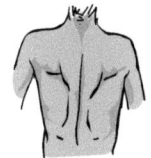

πλάτη
selg

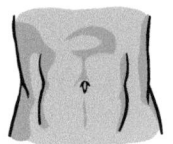

κοιλιά
kõht

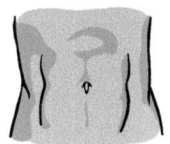

αφαλός
naba

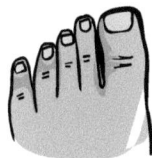

δάχτυλο ποδιού
varvas

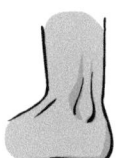

φτέρνα
kand

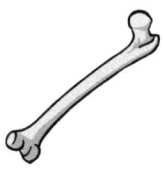

κόκκαλο
luu

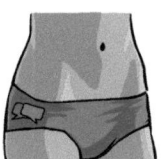

γοφός
puus

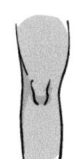

γόνατο
põlv

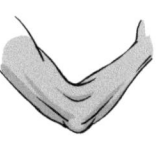

αγκώνας
küünarnukk

μύτη
nina

γλουτός
tagumik

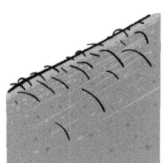

δέρμα
nahk

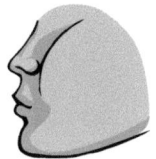

μάγουλο
põsk

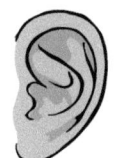

αυτί
kõrv

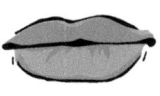

χείλος
huuled

στόμα

suu

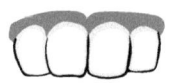

δόντι

hammas

γλώσσα

keel

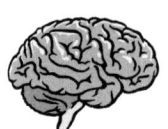

εγκέφαλος

aju

καρδιά

süda

μυς

lihas

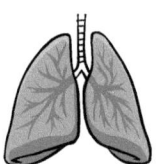

πνεύμονας

kops

συκώτι

maks

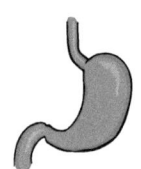

στομάχι

magu

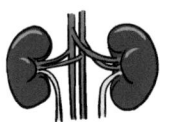

νεφρά

neerud

σεξουαλική επαφή

seksuaalvahekord

προφυλακτικό

kondoom

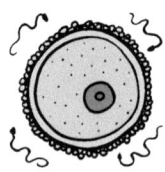

ωάριο

munarakk

σπέρμα

sperma

εγκυμοσύνη

rasedus

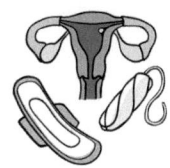

περίοδος

menstruatsioon

γυναικείος κόλπος

vagiina

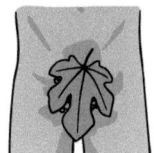

πέος

peenis

φρύδι

kulm

μαλλιά

juuksed

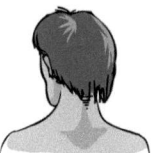

λαιμός

kael

νοσοκομείο
haigla

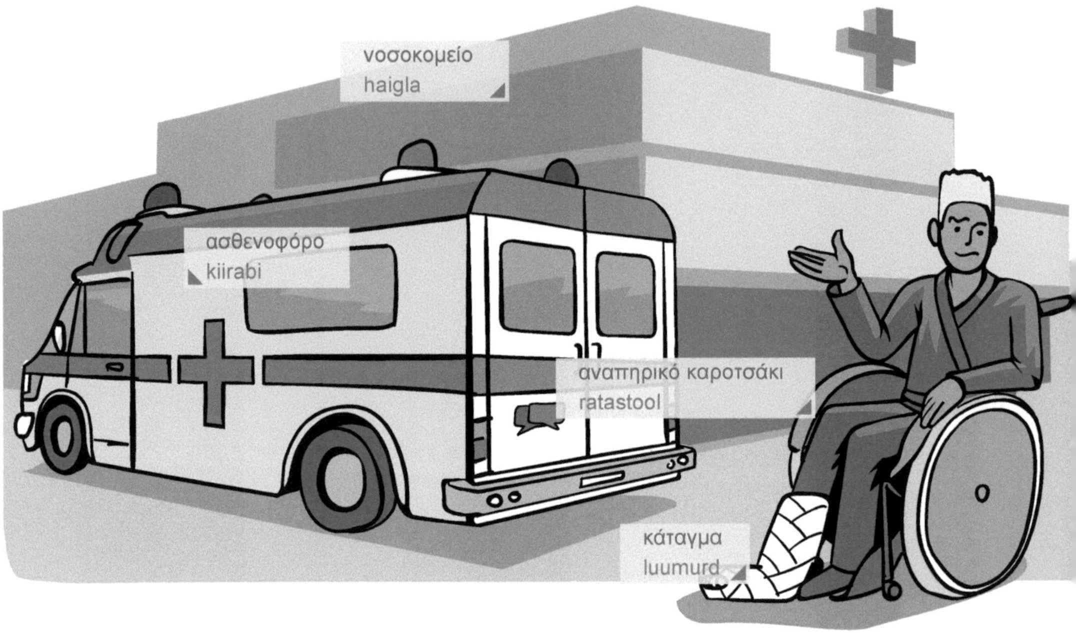

νοσοκομείο
haigla
ασθενοφόρο
kiirabi
αναπηρικό καροτσάκι
ratastool
κάταγμα
luumurd

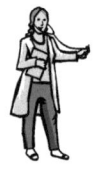

γιατρός

arst

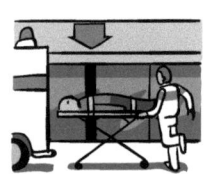

μονάδα εντατικής θεραπείας

traumapunkt

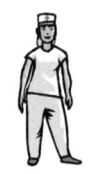

νοσοκόμα

meditsiiniõde

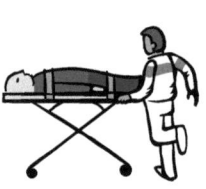

έκτακτη ανάγκη

hädaolukord

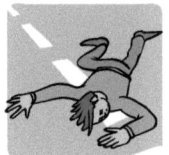

λιπόθυμος

teadvuseta

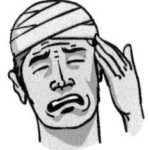

πόνος

valu

τραύμα

vigastus

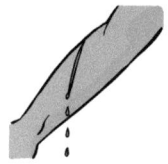

αιμορραγία

verejooks

έμφραγμα

südamerabandus

εγκεφαλικό

insult

αλλεργία

allergia

βήχας

köha

πυρετός

palavik

γρίπη

gripp

διάρροια

kõhulahtisus

πονοκέφαλος

peavalu

καρκίνος

vähk

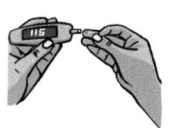

διαβήτης

diabeet

χειρουργός

kirurg

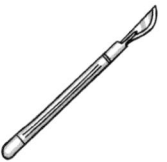

νυστέρι

skalpell

εγχείρηση

operatsioon

αξονική τομογραφία

KT

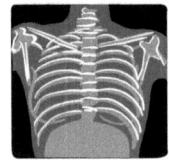

ακτινογραφία

röntgen

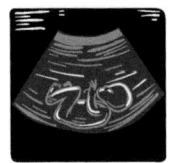

υπέρηχος

ultraheli

μάσκα

mask

ασθένεια

haigus

αίθουσα αναμονής

ooteruum

πατερίτσα

kark

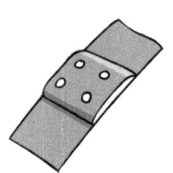

χάνσαπλαστ

kips

επίδεσμος

side

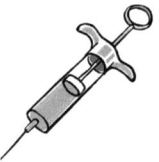

ένεση

süst

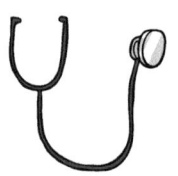

στηθοσκόπιο

stetoskoop

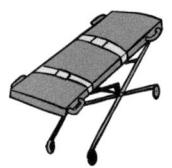

φορείο

kanderaam

θερμόμετρο

kraadiklaas

γέννηση

sünd

υπέρβαρο

ülekaaluline

ακουστικό βαρηκοΐας

kuuldeaparaat

αντισηπτικό

desinfektsioonivahend

λοίμωξη

põletik

ιός

viirus

HIV/AIDS

HIV / AIDS

φάρμακο

meditsiin

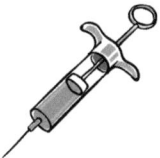

εμβολιασμός

vaktsineerimine

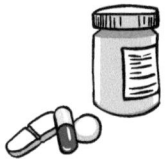

δισκία

tabletid

χάπι

pill

κλήση έκτακτης ανάγκης

hädaabikõne

πιεσόμετρο αίματος

vererõhuaparaat

άρρωστος / υγιής

haige / terve

Βοήθεια!

Appi!

συναγερμός

häire

βιαιοπραγία

kallaletung

επίθεση

rünnak

κίνδυνος

oht

έξοδος κινδύνου

avariiväljapääs

Φωτιά!

Tulekahju!

πυροσβεστήρας

tulekustuti

ατύχημα

õnnetus

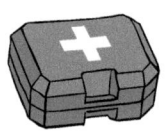

κουτί πρώτων βοηθειών

esmaabikomplekt

SOS

SOS

αστυνομία

politsei

Ευρώπη

Euroopa

Βόρεια Αμερική

Põhja-Ameerika

Νότια Αμερική

Lõuna-Ameerika

Αφρική

Aafrika

Ασία

Aasia

Αυστραλία

Austraalia

Ατλαντικός Ωκεανός

Atlandi ookean

Ειρηνικός Ωκεανός

Vaikne ookean

Ινδικός Ωκεανός

India ookean

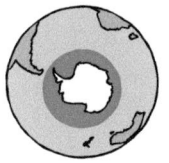

Ανταρκτικός Ωκεανός

Lõuna-Jäämeri

Αρκτικός Ωκεανός

Põhja-Jäämeri

Βόρειος Πόλος

põhjapoolus

Νότιος Πόλος

Iõunapoolus

Ανταρκτική

Antarktika

Γη

Maa

γη

maismaa

θάλασσα

meri

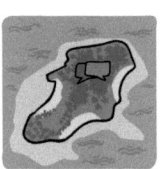

νησί

saar

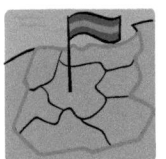

έθνος

rahvus

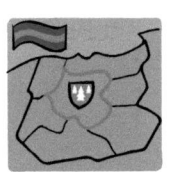

πολιτεία

riik

καντράν ρολογιού

sihverplaat

ωροδείκτης

tunniosuti

λεπτοδείκτης

minutiosuti

δείκτης δευτερολέπτων

sekundiosuti

Τι ώρα είναι;

Mis kell on?

ημέρα

päev

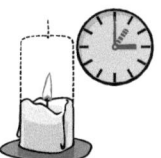

χρόνος

aeg

τώρα

praegu

ψηφιακό ρολόι

digitaalne kell

λεπτό

minut

ώρα

tund

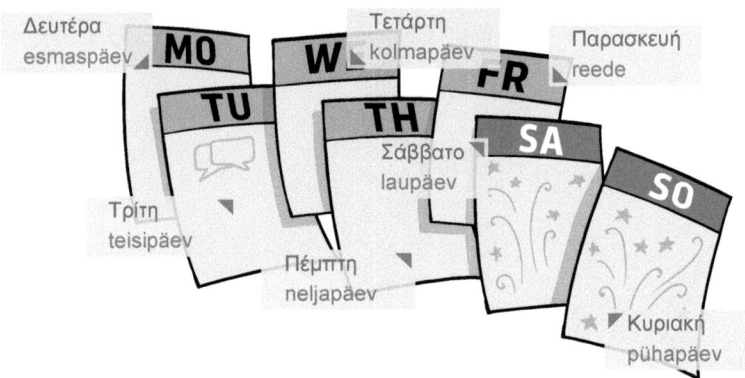

Δευτέρα
esmaspäev

Τετάρτη
kolmapäev

Παρασκευή
reede

Τρίτη
teisipäev

Σάββατο
laupäev

Πέμπτη
neljapäev

Κυριακή
pühapäev

χθες

eile

σήμερα

täna

αύριο

homme

πρωί

hommik

μεσημέρι

lõuna

βράδυ

õhtu

εργάσιμες ημέρες

tööpäevad

Σαββατοκύριακο

nädalavahetus

έτος
aasta

βροχή
vihm
ουράνιο τόξο
vikerkaar
χιόνι
lumi
άνεμος
tuul
άνοιξη
kevad
φθινόπωρο
sügis
καλοκαίρι
suvi
χειμώνας
talv

4.APRIL 11°
5.APRIL 4°
6.APRIL 13°
7.APRIL 8°
8.APRIL 10°

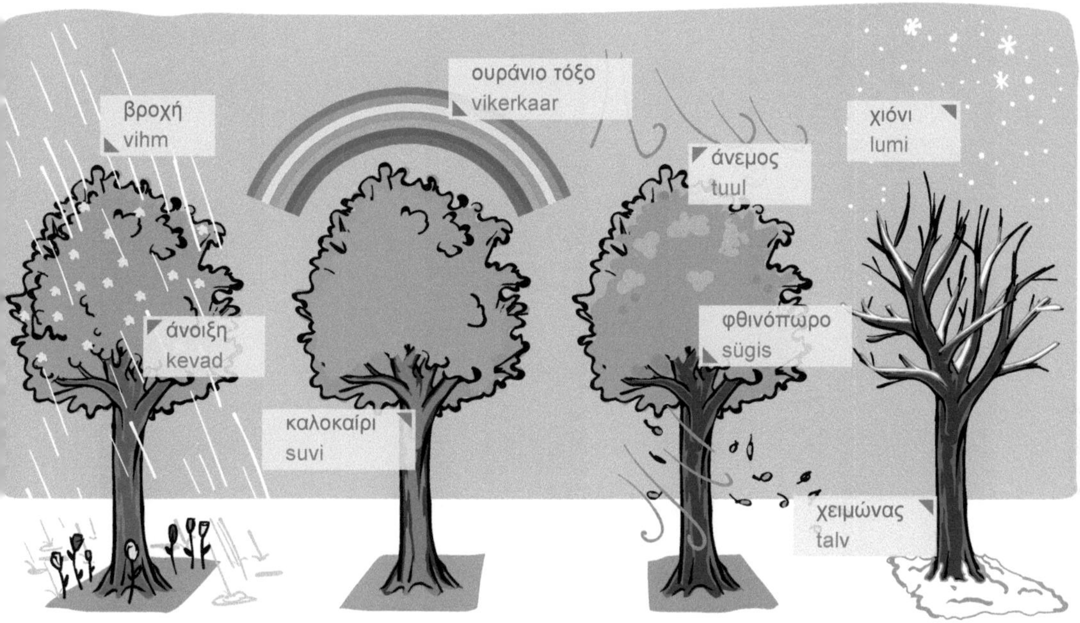

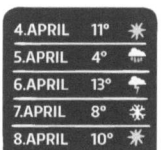

πρόγνωση καιρού

ilmaennustus

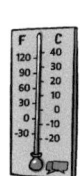

θερμόμετρο

termomeeter

λιακάδα

päikesepaiste

σύννεφο

pilv

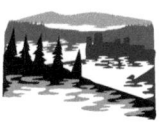

ομίχλη

udu

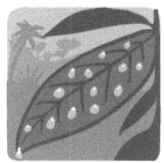

υγρασία

niiskus

αστραπή

pikne

κεραυνός

kõu

καταιγίδα

torm

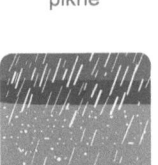

χαλάζι

rahe

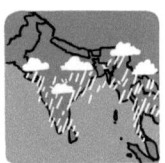

μουσώνας

mussoon

πλημμύρα

üleujutus

πάγος

jää

Ιανουάριος

jaanuar

Φεβρουάριος

veebruar

Μάρτιος

märts

Απρίλιος

aprill

Μάιος

mai

Ιούνιος

juuni

Ιούλιος

juuli

Αύγουστος

august

έτος - aasta

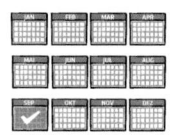

Σεπτέμβριος

september

Οκτώβριος

oktoober

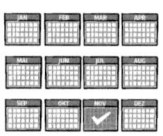

Νοέμβριος

november

Δεκέμβριος

detsember

σχήματα
kujundid

κύκλος

ring

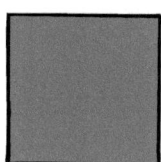

τετράγωνο

ruut

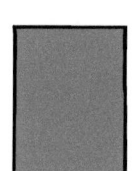

ορθογώνιο
παραλληλόγραμμο
nelinurk

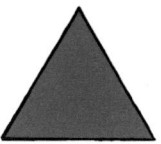

τρίγωνο

kolmnurk

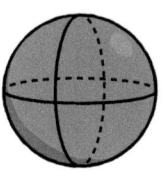

σφαίρα

kera

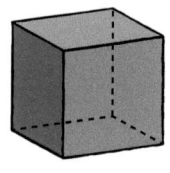

κύβος

kuup

άσπρο

valge

κίτρινο

kollane

πορτοκαλί

oranž

ροζ

roosa

κόκκινο

punane

μωβ

lilla

μπλε

sinine

πράσινο

roheline

καφέ

pruun

γκρι

hall

μαύρο

must

πολύ / λίγο

palju / vähe

θυμωμένος / ήρεμος

vihane / rahulik

όμορφος / άσχημος

ilus / inetu

αρχή / τέλος

algus / lõpp

μεγάλος / μικρός

suur / väike

φωτεινός / σκοτεινός

hele / tume

αδελφός / αδελφή

vend / õde

καθαρός / λερωμένος

puhas / must

πλήρης / ατελής

täielik / puudulik

ημέρα / νύχτα

päev / öö

νεκρός / ζωντανός

surnud / elus

φαρδύς / στενός

lai / kitsas

βρώσιμος / μη βρώσιμος

söödav / mittesöödav

κακός / ευγενικός

kuri / sõbralik

ενθουσιασμένος / βαριεστημένος

põnevil / tüdinud

παχύς / λεπτός

paks / peenike

πρώτος / τελευταίος

esimene / viimane

φίλος / εχθρός

sõber / vaenlane

γεμάτος / άδειος

täis / tühi

σκληρός / μαλακός

kõva / pehme

βαρύς / ελαφρύς

raske / kerge

πείνα / δίψα

nälg / janu

άρρωστος / υγιής

haige / terve

παράνομος / νόμιμος

ebaseaduslik / seaduslik

έξυπνος / χαζός

tark / rumal

αριστερός / δεξιός

vasak / parem

κοντινός / μακρινός

lähedal / kaugel

καινούριος /
μεταχειρισμένος

uus / kasutatud

τίποτα / κάτι

mitte midagi / midagi

γέρος | νέος

vana / noor

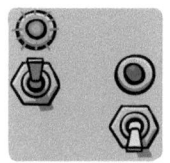

αναμμένος / σβηστός

sees / väljas

ανοιχτός / κλειστός

lahti / kinni

χαμηλόφωνος /
μεγαλόφωνος
vaikne / vali

πλούσιος / φτωχός

rikas / vaene

σωστός / λανθασμένος

õige / vale

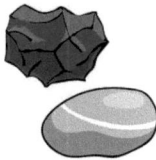

τραχύς / λείος

kare / sile

λυπημένος / χαρούμενος

kurb / rõõmus

κοντός / μακρύς

lühike / pikk

αργός / γρήγορος

aeglane / kiire

υγρός / στεγνός

märg / kuiv

ζεστός / δροσερός

soe / jahe

πόλεμος / ειρήνη

sõda / rahu

0	**1**	**2**
μηδέν	ένα	δύο
null	üks	kaks
3	**4**	**5**
τρία	τέσσερα	πέντε
kolm	neli	viis
6	**7**	**8**
έξι	εφτά	οκτώ
kuus	seitse	kaheksa
9	**10**	**11**
εννιά	δέκα	έντεκα
üheksa	kümme	üksteist

12

δώδεκα

kaksteist

13

δεκατρία

kolmteist

14

δεκατέσσερα

neliteist

15

δεκαπέντε

viisteist

16

δεκαέξι

kuusteist

17

δεκαεφτά

seitseteist

18

δεκαοκτώ

kaheksateist

19

δεκαεννέα

üheksateist

20

είκοσι

kakskümmend

100

εκατό

sada

1.000

χίλια

tuhat

1.000.000

εκατομμύριο

miljon

Αγγλικά

inglise

Αμερικάνικα Αγγλικά

Ameerika inglise

Μανδαρίνικα Κινέζικα

mandariini

Χίντι

hindi

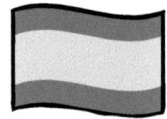

Ισπανικά

hispaania

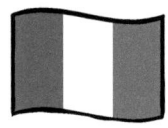

Γαλλικά

prantsuse

Αραβικά

araabia

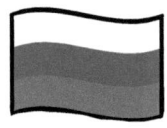

Ρώσικα

vene

Πορτογαλικά

portugali

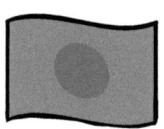

Μπενγκάλι

bengali

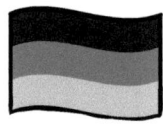

Γερμανικά

saksa

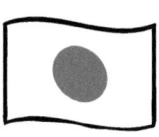

Ιαπωνικά

jaapani

εγώ

mina

εσύ

sina

αυτός / αυτή / αυτό

tema

εμείς

meie

εσείς

teie

αυτοί / αυτές / αυτά

nemad

ποιος / ποια / ποιο;

kes?

τι;

mis?

πώς;

kuidas?

πού;

kus?

πότε;

millal?

όνομα

nimi

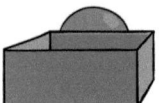

πίσω

taga

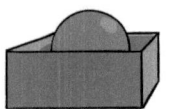

μέσα

sees

μπροστά

ees

πάνω από

kohal

πάνω

peal

κάτω

all

δίπλα

kõrval

ανάμεσα

vahel

μέρος

koht